AF252284

LA

CRISE ÉCONOMIQUE

EN FRANCE

PAR

JOSEPH CHAILLEY

———•———

PARIS

LIBRAIRIE GUILLAUMIN ET Cⁱᵉ

Éditeurs du *Journal des Économistes*, de la *Collection des principaux Économistes*,
du *Dictionnaire de l'Économie politique*,
du *Dictionnaire du Commerce et de la Navigation*, etc.
RUE DE RICHELIEU, 14

1885

LA
CRISE ÉCONOMIQUE

EN FRANCE

ASNIERES. — IMP. LOUIS BOYER ET Cⁱᵉ, 10, RUE DU CHALET

LA
CRISE ÉCONOMIQUE
EN FRANCE

PAR

JOSEPH CHAILLEY

———※———

PARIS

A *LA REVUE CONTEMPORAINE*

2, RUE DE TOURNON

1885

LA CRISE ÉCONOMIQUE

EN FRANCE

« Mon guieu, Piarrot, dit Charlotte, tu me viens toujours dire la même chose. — Je te dis toujours la même chose, parce que c'est toujours la même chose ; et si ce n'était pas toujours la même chose, je ne te dirais pas toujours la même chose. » — Cette réponse de Piarrot m'est revenue en tête au moment d'écrire le titre même de cet article. C'est chose déjà bien ancienne que *la crise économique ;* les journaux spéciaux en ont rebattu leurs lecteurs depuis près d'un an, et j'ai quelque pudeur à venir le dernier, je l'espère du moins, traiter d'une matière si vieille et si connue. Mais il n'y a champ si bien moissonné où le glaneur ne trouve sa vie ; en dépit des fameuses lois protectrices de l'agriculture, tout récemment votées, les événements n'ont guère changé depuis qu'on les étudie, et l'extrême jeunesse de la *Revue contemporaine* masquera et excusera l'ancienneté du sujet.

Mais d'abord, y a-t-il une crise ? On l'a nié. Aujourd'hui on est d'accord pour en reconnaître l'existence. Elle sévit dans presque toute l'Europe et dans l'Amérique du Nord, et presque partout avec les mêmes caractères : une grande dépression des affaires et une gêne excessive de l'agriculture. Longtemps les intéressés de chaque pays avaient prétendu la limiter à eux seuls, et, comme il y a des gens qui se vantent d'avoir tout mieux que les autres, même le mal, en Angleterre, en Belgique, même en Allemagne et aux Etats-Unis, tous ceux qui voulaient exploiter, à leur profit, leurs souffrances vraies ou feintes, niaient à l'envi celles du reste du monde. Maintenant le jour est fait, et qu'il s'agisse d'agriculture ou d'industrie, on voit que le mal est à peu près universel. Les forges de Belgique et d'Angleterre ont perdu, dit-on, 30 0/0, et celles de France se disent à l'agonie.

Elbœuf, Lyon, Saint-Étienne, Rouen, Sedan, etc. se mourraient lentement; les agriculteurs français ont fait la plus sombre peinture de leur situation; les Belges poussent des cris de détresse; les Hongrois gémissent sur l'encombrement de leurs greniers; les Anglais disent qu'ils seront forcés de déserter la lutte, et pendant que M. de Saint-Vallier pleurait sur les 800 fermes abandonnées du département de l'Aisne, le *Times* enregistrait chaque jour l'annonce de réductions de 20 et 25 0,0, consenties à leurs fermiers par les plus grands propriétaires (lord Normanton, le duc de Newcastle, etc.) sur les baux des quatre ou cinq *dernières* années. L'opinion publique s'est émue, les ministres compétents ont été interpellés, les Parlements ont ordonné des enquêtes, et voté des « droits protecteurs ». Laissons là le reste du monde, et voyons ce qui se passe chez nous.

Je crois qu'on a exagéré le mal. Les plaintes soulagent le patient et apitoient ceux qui l'écoutent : double avantage. Mais tout n'est pas profit. Voici l'industrie qui prétend ne pouvoir produire à bon marché, et réclame la protection; croyez-vous que la concurrence étrangère ne s'empare pas de cet aveu; et si l'agriculture crie qu'elle meurt de faim, engagera-t-elle les capitalistes à lui confier les fonds dont elle a tant besoin? La vérité est que leur situation à toutes deux, pour grave qu'elle soit, n'est pas désespérée, et que même la gravité en a été singulièrement forcée. Ce n'est pas d'aujourd'hui qu'on crie à la misère. En 1834, en 1847, en 1864, 1869, 1877, on a eu comme aujourd'hui des plaintes et des enquêtes, et il y a vingt ans que certains riches filateurs du Nord et de l'Ouest prétendent perdre annuellement quelques cent mille francs, ce qui donne un joli chiffre pour leur capital de premier établissement.

En réalité, le commerce spécial de la France est encore de 8 milliards, et elle détient 18 0/0 du commerce total de l'Europe, dont l'Allemagne ne détient que 15 0/0. Son agriculture emblave, en 1834, 6,976,000 hectares au lieu de 5,936,000, en 1846; elle récolte 111 millions d'hectolitres au lieu de 60 millions, et, au lieu de 1 milliard 400 millions, elle en retire plus de 2 milliards.

On va, je ~le sais, répétant que la concurrence américaine et indienne la menacent d'une prompte ruine. Mais le même M. Pouyer-Quertier, qui conduit le cortège des plaintes, faisait, en 1866, les mêmes prophéties inspirées par les mêmes motifs; nous avons connu dans l'intervalle des années d'admirable prospérité, et nous les retrouverons dans l'avenir.

Et d'abord, les plaintes ne sont point unanimes. On pourrait citer des départements agricoles, le Loiret et la Loire-Inférieure, qui n'ont jusqu'ici rien réclamé. Puis une chose me frappe. Depuis le discours

de M. de Saint-Vallier, on ne parle plus que du département de
l'Aisne et de ses 800 fermes sans fermiers. C'est donc que la souffrance y est le plus intense; et c'est ce qu'a pensé notre très protectionniste ministre de l'agriculture, qui a demandé à une commission
de spécialistes éminents un rapport sur la situation de ce département.
Or, que nous dit M. Risler, le rapporteur? « Dans le département de
l'Aisne, la petite culture est très prospère; la population augmente et
s'enrichit dans les vallées à côté des plateaux, où la grande culture
s'appauvrit et est abandonnée. » Et il ajoute : « La crise actuelle est
peu sensible dans les pays de métayage, c'est-à-dire dans les *deux
tiers* de la France... La crise n'existe pas davantage dans les pays de
petite culture, où le propriétaire est en même temps fermier et
ouvrier. » Passons à la grande culture. « Dans tout l'arrondissement
de Soissons, on n'a pu me désigner qu'une seule ferme en friches, et
l'abandon en était dû au caractère difficile du propriétaire. Dans
l'arrondissement de Saint-Quentin, M. Lecouteux (un des commis-
saires) n'a pas rencontré beaucoup de terres incultes. Dans celui de
Château-Thierry, M. Menault n'en a trouvé que 1,056 hectares au lieu
de 1,500 à 1,600, déclarés dans l'enquête de 1865. Dans l'arrondissement de Vervins, M. Philippart n'a pas trouvé de terres en friches
proprement dites. Dans l'arrondissement de Laon, M. Barral n'a vu à
l'état de terres incultes et abandonnées que de très petites surfaces.
Les bonnes fermes se relouent encore avec des diminutions peu
importantes; pour les autres (médiocres ou mauvaises), les propriétaires ont dû consentir à des réductions de loyer de 10 0/0 à
20 0/0. » Telle est cette situation désolée (1).

On veut aussi protéger le bétail. Le protéger contre quoi? Suivant
les espèces, ou bien les effectifs n'ont pas diminué, malgré la guerre,
ou bien la production de la viande s'accroît, et les prix ont depuis trente
ans augmenté de plus de 50 0/0.

Enfin, si, considérant l'ensemble du pays, nous cherchons à mesurer
la prospérité publique, nous voyons que, depuis 1871, l'épargne française a été de 27 milliards : 12 milliards 500 millions en Rentes françaises, 14 milliards 500 millions en valeurs diverses. Pour les Rentes,
c'est de notoriété publique, et pour le reste, la preuve s'en déduit par
l'examen des produits en 1873 et en 1884, de l'impôt de 3 0/0 sur les
valeurs mobilières. L'augmentation, en 1884, est de 18,081,000. Le revenu
de ces valeurs, de 1873 à 1884, a donc crû de 602,700,000 francs, ce

(1) Le conseil général de l'Aisne, après sa session extraordinaire de janvier 1885, a publié, contre le travail de M. Risler, une protestation qui mérite le degré de confiance des plaintes intéressées.

qui, capitalisé à 4 0/0, représente exactement 15 milliards. Et qu'on
ne dise pas que l'étranger a pu en prendre une partie. L'Angleterre,
notre voisine la plus proche et la plus riche, n'a accusé, dans son
budget de 1881, qu'un revenu de 43,413 livres (1,085,825 francs) en
valeurs françaises.

Voilà, quand on va au fond des choses, comme M. Neymark,
l'auteur de cette statistique de l'épargne, voilà la situation exacte.
Ce sont des chiffres consolants à opposer aux lamentations et aux
éplorements. Cela ne fait pas qu'il n'y ait ni crise, ni souffrances;
mais cela en limite immédiatement l'étendue et l'intensité, et permet
d'apporter plus de sang-froid à l'étude des causes et à la recherche
des remèdes.

CHAPITRE PREMIER

En économie politique, comme en bien d'autres sciences, il faut se
défier des thèses absolues. La vérité ne s'enferme ni dans un mot, ni
dans une formule. J'ai dit qu'il y avait une crise, dont on exagère
seulement l'intensité. J'ajoute, pour être vrai, que, l'intensité, en fût-
elle doublée, m'effrayerait moins si j'étais sûr que ce n'est qu'une
crise.

Une crise, c'est un trouble passager dans la production, une pertur-
bation momentanée des affaires. C'est le retour quasi périodique
d'embarras dus à l'excès de la production ou à la rareté de la monnaie.
De ces embarras, on a étudié les origines et le développement, et
on en sait prévoir la fin.

Est-ce *seulement* à une maladie semblable que nous devons attribuer les souffrances présentes? Je le nie absolument. Et, devançant
les conclusions à tirer des résultats de la présente étude, j'affirme que
notre situation actuelle, au point de vue agricole, industriel et commercial, tient *surtout* à des causes déjà anciennes et permanentes, et
que la responsabilité en doit remonter principalement à nous, à nos
mœurs.

Cherchons d'abord les causes qui sont indépendantes de nous
et sur lesquelles nous n'avons que peu ou pas d'action. Pour les
apercevoir clairement, il faut prendre du champ et songer que nous
sommes loin de l'époque où il n'y avait au monde que deux

nations industrielles : l'Angleterre et la France. Nous en citerons
d'autres aujourd'hui : la Belgique, l'Allemagne, l'Autriche, l'Italie
et les Etats-Unis, toutes munies d'une force de production suffisante pour assurer une consommation double de la consommation
actuelle. Or, voici que justement l'outillage industriel de l'Europe
est achevé, les Américains ne demandent plus de rails pour leurs
chemins de fer, nos grands travaux publics sont suspendus, et comme
les industries ne peuvent, sous peine de mort, s'arrêter, la
production croît sans cesse au delà des besoins. Les prix tombent
jusqu'à n'être plus rémunérateurs. Tout ce qui a des frais généraux
trop lourds doit sombrer. Nous touchons à la période de la grande
industrie et du petit bénéfice. On n'a plus qu'un profit ridicule sur
chaque objet vendu. Comme l'écrivait récemment un grand industriel,
M. Gauthier : « Les bénéfices ne sont plus que le résultat de la
parcimonie de chaque jour. » Il faut étendre démesurément le chiffre
de ses affaires pour obtenir des résultats appréciables, et en même
temps s'ingénier à économiser le temps et le travail à extraire de la
matière première tout ce qu'elle contient. La distillation de la houille
donne près de 80 produits secondaires dont deux remplacent la
teinture de garance et l'essence de citron, et voilà deux industries
de l'ordre agricole qui ne se relèveront pas. Dans l'industrie de la
laine, le lavage du suint fournit de la potasse, de la stéarine et de la
bougie. Mais ce mode de travail ne se comprend que dans des exploitations considérables. Désormais la petite industrie est condamnée.

Même phénomène pour l'agriculture. Après la concurrence des
villes, des départements, des régions, voici celle des nations. D'immenses plaines fertiles sont cultivées en blé ; l'agriculture se transforme en industrie. La Russie, l'Amérique du Nord, l'Inde,
peuvent exporter plus de 100 millions d'hectolitres. Modicité du loyer
des terres, facilité des communications, avilissement des frets, tout les
sert à souhait. Et ils débarquent dans nos ports du froment à des
prix ruineux pour nos agriculteurs.

Est-ce pour le blé seulement? Non pas. Sur un même marché, où
la comparaison est plus facile, en Angleterre, les Etats-Unis ont
importé, en 1874, du beurre pour 4,717,000 francs, la Belgique pour
11,620,000, la France pour 98,500,000, la Hollande pour 45,925,000 ;
en 1877, ces chiffres sont respectivement de 23,012,000, 9,450,000,
81,350,000, 52,100,000 francs. Les Etats-Unis ont quadruplé leur
importation, les autres pays ont diminué la leur d'un quart.

En Angleterre encore, pour un produit dont nous semblions avoir
le monopole, pour les fruits, sur une importation totale de 14,902,675 fr.,
en 1871, la France en importait pour 5,368,550, la Belgique pour

2,805,550, l'Espagne pour 1,219,875, les Etats-Unis pour 1,015,000, et l'Allemagne pour 552,000 francs. En 1882, la France en a importé pour 8,883,575, la Belgique pour 4,229,100, les Etats-Unis pour 9,670,750, l'Espagne pour 6,943,925, l'Allemagne pour 8,777,400. Ici, tous nos concurrents nous ont battus.

Même résultat pour le fromage : la Suisse et les Etats-Unis nous ont enlevé la fourniture de toutes les marines européennes; pour le beurre, notre exportation *nette* passe de 64,579,000 francs, en 1873, à 84,249,918; celle des Etats-Unis, dans le même temps, passe de 5,745,000 à 83,406,000 francs.

Je ne veux point passer en revue tous les produits successivement. Pour quelques-uns, notre supériorité s'affirmerait. Pour un certain nombre, nous aurions à constater le succès croissant de nos rivaux. Pourquoi cela? Pourquoi dans des parties qui étaient notre spécialité, dans la soie, dans les produits de la ferme, les fruits, le beurre, le fromage; pourquoi, sans parler de ce producteur géant, les États-Unis, voyons-nous nos concurrents d'Europe grandir à nos côtés jusqu'à nous dépasser? J'admets que l'industrie et la science agricole transportées de l'autre côté de l'Océan nous ferment des débouchés; pourquoi n'avons-nous pas su maintenir ceux que nous avions en Europe, ou en conquérir d'autres dans les pays nouveaux? Et c'est quand on cherche la réponse à cette question inquiétante, c'est alors qu'on constate que notre situation présente n'est pas seulement le résultat d'une crise, mais bien de causes plus profondes et plus anciennes; pour quiconque ne veut pas s'illusionner, et je ne prétends pas avoir le monopole d'un examen sérieux, nous ne déclinons que pour n'avoir su être jusqu'ici ni producteurs ni commerçants.

Les causes de cette impuissance sont multiples. Mais on peut les ramener à deux ou trois principales.

Pour produire, comme pour vendre et acheter, il faut deux sortes d'agents : des agents de conception et des agents d'exécution. Les uns et les autres nous manquent. Pour organiser de grandes industries, pour aménager une forte exploitation agricole, pour acheter à juste prix les matières premières, et vendre où il faut et à bon compte les marchandises convenables, il est indispensable d'avoir l'intelligence générale et la science technique. Et nous n'en avons pas.

Entendons-nous : je n'admettrais nullement qu'on m'accusât de taxer notre pays d'inintelligence ou d'ignorance. Je connais, et j'ai pour amis dans le commerce grand et petit, dans l'agriculture et l'industrie, des esprits de premier ordre, et les expositions internationales ont suffisamment prouvé ce que vaut une partie de notre personnel d'industriels et de négociants. Mais je soutiens que, dans aucun pays, ce personnel, surtout celui du commerce et de l'agriculture, n'est, en bloc, aussi mal recruté qu'en France.

Pour des raisons qu'il serait trop long d'étudier, nous avons tenu, et, en dépit d'une réaction récente, nous tenons encore le commerce en médiocre estime. Très friands de la richesse qu'il procure, nous avons peur du travail qu'il impose, et nous masquons derrière un dédain affecté notre paresse envieuse. Nous sommes une nation de bacheliers, et, qui pis est, de bacheliers ès lettres. 75 0,0 des enfants de la bourgeoisie grande et petite vont au lycée ; l'élite se dirige, sauf de rares exceptions, vers les écoles du gouvernement, qui en rendent quelques-uns à l'industrie, vers le barreau, la diplomatie, la littérature, le journalisme ; les médiocres font des fonctionnaires ; le reste, des commerçants et des agriculteurs, sans compter que, forts ou faibles, les riches ne font rien.

Et voilà comment il arrive que notre agriculture, notre commerce, et, dans une proportion moindre, notre industrie, n'ont ni savoir ni argent. Tandis qu'en Suisse ces professions ont à leur tête des noms de la vieille roche, possesseurs de gros et anciens patrimoines qu'ils accroissent, chez nous elles ont commencé par en bas, avec des ouvriers qui, à tâtons, après de dures écoles, arrivent parfois à la fortune, mais jamais à l'autorité d'exemple, même dans leur famille. Nous nous croyons à la tête de la civilisation ; nous sommes à cet égard en retard sur presque tous les peuples.

Si au moins nous avions certains avantages propres aux peuples arriérés : le nombre sinon la qualité des travailleurs, et la main-d'œuvre à bon marché.

Nullement. La natalité décroît : *Vitio parentum rara juventus.* La lâcheté (je ne sais pas d'autre mot) fait spontanément ce que conseille, à tort selon moi, une certaine école économique. Voyez l'Angleterre et l'Allemagne. Quel excès de naissances ! Il est vrai qu'une partie de la population s'en va, emportée par un puissant courant d'émigration, ce qui leur assure d'ailleurs une chose qui nous manque : des débouchés commerciaux. Mais le travail industriel et agricole y recrute encore de nombreux travailleurs, et, en outre, même dans l'agriculture, les machines viennent aider et doubler le travail humain.

Les exploitations pourvues de machines agricoles s'élèvent en Allemagne au nombre de 891,746. Il a été trouvé, répartis entre ces exploitations : 836 charrues à vapeur, 63,842 semoirs, 19,634 faucheuses, 75,690 batteuses à vapeur et 298,367 batteuses de divers systèmes ; 2,646 locomobiles servant à mettre en mouvement des charrues, des batteuses, ou servant à d'autres usages ; 2,524 chaudières à vapeur fixes, dont 2,365 avec machine et 1,159 sans machine. En France, la statistique ne fournit pas les éléments d'une comparaison. Mais les chiffres les plus récents n'accusent que 42,092 machines à vapeur appliquées à l'agriculture. Il convient, pour être juste, de faire remarquer que ce chiffre n'était que de 38,062 en 1880, de 33,596 en 1879, et de 27,516 en 1878.

Comment expliquer cette différence, ou, plus exactement, cette infériorité? Par la raison que j'ai déjà signalée et sur laquelle je reviens maintenant avec quelques détails : parce que le savoir professionnel nous fait défaut; parce qu'en agriculture le fermier comme le propriétaire, dans l'industrie le patron et l'ouvrier, dans le commerce le commerçant et son représentant, dans le pays la nation elle-même presque entière, tous manquent de notions techniques ou économiques suffisantes.

On célèbre souvent les avantages de notre situation géographique. Ils sont immenses. Grâce à elle nous sommes un peuple à la fois agricole et commerçant. Une moitié s'occupe ou vit d'agriculture; un tiers au moins d'industrie ou de commerce. Qu'a-t-on fait pour tirer parti de cette supériorité naturelle? Comment a-t-on préparé à leur tâche les cinq sixièmes du pays? Où en est l'enseignement professionnel?

Et d'abord pour l'agriculture. Quelle profession, dit justement M. François Bernard, quelle autre profession réclamerait autant de connaissances que celle-ci pour être bien comprise? L'agriculteur doit être forcément botaniste; il doit être familier avec la physiologie animale, la chimie, la mécanique, la physique, la météorologie; il doit être ingénieur, négociant, spéculateur, et enfin, praticien proprement dit. Pour suffire à tant de besoins, qu'avons-nous en France? La République de 1848 avait ébauché une grande organisation de l'enseignement agricole. L'Empire supprima ou laissa dépérir ce qui existait et se contenta de quelques fermes-écoles. La République a réparé de son mieux les fautes passées, mais, en somme, nous n'avons pour l'enseignement primaire que seize écoles pratiques d'agriculture, et vingt-deux fermes-écoles; pour l'enseignement secondaire, que l'école de Grignon, celle du Grand-Jouan, et l'école de viticulture de Montpellier; pour l'enseignement supérieur, que l'Institut national agronomique, et enfin, pour l'enseignement technique, que l'Ecole d'horticulture de Versailles, la Vacherie de Corbon, les deux Bergeries de Rambouillet et de Mondjebeur, et un certain nombre de stations agronomiques, laboratoires et colonies agricoles. De plus, la loi du 9 juin 1879 a décidé la création, dans un délai de six ans, de 86 chaires départementales d'agriculture, destinées à fortifier l'enseignement agricole dans les écoles normales. Et c'est tout. L'avenir développera certainement les institutions actuelles, mais, pour le présent, à peine quelques milliers d'élèves peuvent fréquenter ces écoles. Le département de l'Aisne, qui vit de l'agriculture, n'a eu jusqu'ici ni professeur d'agriculture, ni école pratique, ni station agronomique. Et les résultats sont devant nos yeux ; les sujets de comparaison abondent. L'Allemagne a des écoles d'enseignement agricole primaire fréquentées par la grande, la moyenne et la petite culture, dont plusieurs comptent jusqu'à deux cent cinquante élèves ; un nombre considérable d'écoles secondaires et d'écoles supérieures annexées aux universités, enfin des écoles techniques de laiterie, de sucrerie, etc. ; et la commission envoyée récemment par la Société d'agriculture de Meaux devait reconnaître que les cultivateurs allemands, *grands et petits*, ont su plus tôt que nous appliquer les découvertes de la science, *même française*.

Pour l'industrie, les statistiques officielles n'ont pas été dressées. Les écoles industrielles sont la création de l'initiative privée. Elles ont été fondées par les intéressés dans certaines villes : les écoles de dessin, bonnes ou mauvaises, médiocres surtout, à profusion ; les écoles techniques, moins nombreuses. Il y en a à Limoges, à Besançon, à Lyon, à Rennes, dans le Nord, dans la Normandie, etc. Il y en avait une à Mulhouse, très florissante. Mais à les comparer à celles de l'étranger, de l'Allemagne et de l'Amérique surtout, on est loin de compte. La Société industrielle de Rouen entendait, il y a peu, une communication sur l'école de Crefeld, et l'orateur, qui appelait cette école un véritable Conservatoire des industries textiles disait, sans être démenti : « Nous avons à regretter sincèrement que les quelques tentatives de création d'écoles ou de cours de filature ou de tissage à Lyon, Rennes, Lille, Roubaix, Rouen et Flers, entreprises par l'initiative des chambres de commerce ou des sociétés industrielles des régions manufacturières, ne donnent que des résultats restreints, quand on les compare à ceux obtenus de l'autre côté du Rhin dans les établissements similaires. La plupart de nos professeurs spéciaux, très dévoués, n'ont généralement à leur disposition pour ces démonstrations qu'un matériel aussi insuffisant que suranné, et la plupart du temps en mauvais état. » Ainsi les efforts tentés n'ont pas été ou assez persévérants ou convenablement dirigés.

Il y a chez nous une foule de sociétés de science et de philanthropie, dont le titre est décevant : Société industrielle, Société d'encouragement au commerce et à l'industrie, etc. On s'y occupe de tout, de littérature autant que de spécialités techniques. Elles ne sont pas suffisamment spécialisées. Fondées avec le concours de manufacturiers et de négociants, qui n'y apportent guère que leurs modiques cotisations, elles sont en fait dirigées par des gens bien intentionnés et mal instruits des besoins de l'industrie. A Rouen, par exemple, la Société libre d'émulation a eu l'excellente idée de demander et a obtenu l'organisation d'un musée industriel. « La section des tissus y compte plus de 800,000 échantillons types de la fabrication de Rouen et du département depuis 1760 jusqu'à nos jours. » C'est très bien pour l'histoire de Rouen. Pour l'industrie, c'est moins pratique. On a organisé, à Hambourg, une exposition, et à Stuttgard, un musée permanent des principaux échantillons des tissus *mis en vente à Paris* depuis ving-cinq à trente ans. On se tient ainsi au courant de la mode de Paris, et on fabrique de manière à combattre l'exportation française avec les imitations de ses produits.

Ce qui est encore défectueux en France, ce sont les relations d'ouvrier à patron. A qui la faute? On est à peu près d'accord à reconnaître qu'en France le patronnat est en décadence, tandis qu'il se relèverait plutôt en Angleterre et en Allemagne. Et d'autre part, les ouvriers anglais qui ont approché les nôtres ont été surpris et navrés de ce qu'ils ont vu. Pas d'organisation, pas d'esprit de discipline. De la vanité, l'impatience de toute direction : en somme, a dit un observateur sagace une masse très impressionnable, très insouciante et très ignorante. Leur ignorance même n'est souvent imputable qu'à eux. L'apprentissage se fait dans des conditions déplorables. Rarement le contrat d'apprentissage est tenu jusqu'au bout. Dès que l'apprenti sait à demi son métier, il rompt le marché et cherche à gagner. Et même avec un apprentissage ainsi pratiqué, il est difficile de recruter des apprentis. Les ouvriers hors lisières s'y opposent. On ne tolère que deux apprentis par atelier, sous peine d'interdit. Comment s'étonner après cela que contre-maîtres et ouvriers soient souvent au dessous de leur rôle?

Venons enfin à l'enseignement commercial. C'est encore l'initiative privée qui a tout fait; car il convient de remarquer que l'agriculture qui accuse sans cesse le dédain des pouvoirs publics, n'a, dans cet ordre d'idées, rien fait par elle-même et a tout obtenu de l'Etat. Pour l'industrie et le commerce, l'Etat ne donne que des subventions sous forme de bourses, et ce n'est pas moi qui l'en blâmerai.

L'enseignement commercial est assuré de la façon suivante : l'enseignement primaire, à Paris, par l'école de l'avenue Trudaine; l'enseignement secondaire, par huit écoles : à Paris, rue Amelot et rue de la Chaussée d'Antin, au Havre, à Rouen, à Marseille, à Lyon, à Bordeaux et à Lille; l'enseignement supérieur, par l'étude des hautes études commerciales. Ces dix écoles rassemblent à peine 1,200 élèves M. Siegfried assure dans son rapport que tous, à leur sortie, trouvent de bonnes places. Ils sont très recherchés par le commerce et cependant ces écoles, malgré les subventions et les bourses n'arrivent pas à couvrir leurs frais. Il n'y a pas, dans un pays qui fait un commerce de huit milliards, plus de 1,200 jeunes gens qui désirent apprendre leur métier.

Ces résultats montrent bien à qui doit remonter la responsabilité de l'état de choses actuel. Il serait très injuste d'en accuser le gouvernement, quel qu'il soit. L'opinion publique est, en ce pays, assez puissante pour obtenir ce qu'elle veut. Elle a voulu l'instruction primaire gratuite et laïque, elle l'a eue; qu'elle l'eût souhaité, elle aurait eu aussi l'enseignement professionnel. Mais nous touchons ici à la source même de tous nos maux: la nation est profondément ignorante de ses intérêts. L'agriculture, l'industrie et le commerce, les cinq sixièmes de la nation sont au dessous de leur rôle; il eût été bizarre que l'autre sixième, les militaires, les ingénieurs, les avocats, les littérateurs fussent, en matière économique, plus instruits que le reste du pays, et le fussent assez pour contrebalancer son ignorance. Aussi avons-nous vu tout un peuple marcher dans la lutte économique avec l'étranger en véritables aveugles, et prendre de telles mesures que ses pires ennemis n'avaient plus rien à y ajouter. C'est ce peuple qui a mis aux mains de quelques grandes compagnies tous ses chemins de fer, et les a laissées maîtresses des tarifs; qui, sauf un court laps de temps, se rendant aux pitoyables arguments des quelques intéressés, a jusqu'ici vécu sous le régime du protectionnisme, et qui, à l'heure où (je le prouverai) le monde entier jouit de la liberté commerciale ou la regrette, aspire à jeter gracieusement l'argent qu'elle n'a pas dans la poche des industriels pseudo-pauvres qu'elle entretient depuis cinquante ans

Il nous reste à voir les conséquences de ce système d'industrie et d'économie politique.

Je sais bien qu'il ne faut pas oublier les entraves ordinaires qui gênent notre production agricole : de lourds impôts, une législation compliquée sur le gage et sur l'hypothèque, un crédit agricole embryonnaire et de nul effet, et, je l'ai déjà signalé, des ressources personnelles modiques. Tout cela ne fournit pas d'excuses valables. Et l'ignorance est presque la cause unique de tous les maux. C'est en vain que la science travaille, ses découvertes ne sont pas mises à profit.

Les gens compétents vantent les qualités du maïs pour l'élevage des bestiaux. Qui en use? Les prairies Gœrtz sont, disent les rapporteurs des comices, une véritable prospérité pour l'agriculture : qui a jamais oui dire que les agriculteurs les aient expérimentées?

A semer en ligne, au lieu de semer à la volée, on gagnerait 10 0/0; à peine y a-t-il quelques milliers de semoirs. Certains blés rendent de 20 à 40 hectolitres l'hectare. M. Grandeau les a longuement étudiés ; un grand agriculteur de Vandeuvre, M. Durand, en recommande un autre qui donne jusqu'à 52 hectolitres; certains engrais minéraux font merveille, le monde entier les emploie, et le rendement moyen est, par hectare, en Allemagne de 17 hectolitres, en Suède de 18, en

Hollande de 20.4, en Belgique de 21.5, en Danemark et en Norvège de 22.1, dans la Grande-Bretagne de 31.6, et dans l'Angleterre proprement dite de 36 : nous, nous avons un rendement moyen de 14.5, avec un maximum de 29.36 et de 4.76 (Creuse).

La crise sucrière appelle l'attention sur l'excellence de la culture allemande de la betterave : une délégation va l'étudier. Les graines y viennent de chez Vilmorin.

Les Etats-Unis et la Suisse, même le Danemark et la Suède, nous ont fermé les marchés de fromage. Par quel moyen ? « J'ai séjourné longtemps dans le Jura, m'écrit M. Gobin, professeur départemental d'agriculture à Auxerre ; j'y ai étudié les fromages, je les étudie maintenant dans la Brie et à Saint-Florentin. On fabrique avec l'ancien mobilier, les anciens procédés, l'ancienne malpropreté ; on obtient de mauvais produits, et l'on s'étonne du succès de la concurrence étrangère, mieux outillée et plus savamment conduite. »

Et tout s'en va de même : les assolements, les engrais, la nourriture des bestiaux. « On laisse en général, dit M. de Risler, trop peu de place aux fourrages. Si l'on faisait plus de luzerne, de trèfle, on aurait plus de fumier, et le produit augmenterait en moyenne, par hectare, sans entraîner un accroissement de main-d'œuvre. » A la ferme de Moufflaye, dans l'Aisne, une de celles que l'on considère comme le mieux cultivées, il a pris des échantillons de terres; analysés, ils ont été reconnus contenir à peine la moitié de l'acide phosphorique que les cultivateurs allemands considèrent comme nécessaire pour produire une bonne récolte de betteraves à sucre. « En Allemagne, dit la délégation de Meaux, la préparation de la nourriture des animaux est très soignée : hachage des fourrages verts ou secs, cuisson des pommes de terre, concassage des grains, mélanges de toute sorte, etc. ; ces procédés sont bien connus en France, *mais trop rarement employés.* »

Ainsi le monde entier s'est instruit et a progressé, pendant que nous restions stationnaires. Toutefois si notre ignorance est la principale cause de notre faiblesse, tous chez nous n'en sont pas responsables. Ceux-là le savent bien, qui connaissent la constitution de la propriété territoriale. La répartition de 140 millions de parcelles entre près de 11 millions de propriétaires a eu, à côté de résultats excellents, des conséquences parfois fâcheuses. Le morcellement de la terre a permis aux plus minimes capitalistes de devenir propriétaires. Le paysan, au lendemain de son acquisition, s'est trouvé souvent sans argent pour la cultiver convenablement. Les frais généraux d'exploitation d'une propriété si morcelée se sont accrus hors de toute mesure, et la petite culture n'avait guère le loisir d'aller à l'école, quand elle pouvait à peine vivre de son travail. Ce n'est pas elle, cependant, qui crie misère aujourd'hui : c'est la grande culture.

Il y a là tout un côté de mœurs contemporaines, qui n'a rien de bien neuf ni de réjouissant. Les grands propriétaires, comme les évêques au temps de Racine, ne résident point : étrangers de toute façon à la culture, ils se contentent de toucher régulièrement leurs loyers; les difficultés quotidiennes les trouvent indifférents, et les menaces de calamités prochaines n'arrivent pas jusqu'à eux; les méthodes se renouvellent, les cultures se transforment, des améliorations s'imposent, qui ne peuvent être faites que par le propriétaire : ils n'en ont cure. Voici un fermier qui, à Ouchy-le-Château, transforme à ses frais 60 hectares en herbages; il y met 250,000 francs; il ne sait s'il reverra jamais son argent. Le propriétaire l'a laissé faire sans contribuer à une dépense qui lui profite autant qu'au fermier.

Mais les fermiers de ces grandes exploitations se lassent à leur tour : le métier leur paraît trop plein de risques. A force de courage et de travail ils ont pu s'enrichir; ils feront de leurs fils des avocats ou des ingénieurs, et marieront leurs filles à des notaires. Vient un autre fermier : celui-ci, c'est le loup maigre de la fable. Les gains considérables des premiers l'ont alléché; il prend, sans capitaux, le bail au prix qu'on lui demande, il travaille, il lutte, il se ruine; on le sait, et celui qui le remplacera, venant en un temps où l'intérêt de l'argent est réduit de 5 à 4 et même 3 1/2 0/0, celui-là n'offre plus que les deux tiers des anciens fermages. Le propriétaire résiste, la ferme ne se loue pas. Le temps passe, il fait rappeler sous main le candidat évincé qui pose à son tour ses conditions : il ne veut ni de telle terre qui est trop maigre, ni de telle autre qui est trop humide, ni de cette troisième qui est loin de toute communication. Le propriétaire capitule, et voilà comment sont constitués ces fameux *marchés de terre* dont on a tant parlé, et qui sont, à vrai dire, les seules terres inoccupées. Cependant les terres achetées trop cher, estimées longtemps trop haut, tendent à revenir à leur valeur vraie. Cette « reprise prochaine », qu'espérait le propriétaire, se fait et se fera longtemps encore attendre; il s'impatiente, s'exaspère, accuse les pouvoirs publics, et dénonce les institutions : ce sont les caractères qui faiblissent et les mœurs qui s'en vont.

Ce sont là de bien gros mots, et qui frisent le ridicule. Ils contiennent cependant une large part de vérité. Celui qui, n'ayant ni la volonté, ni la science de cultiver ses terres lui-même, s'obstine à les garder à cause de la sécurité et de l'influence qu'il trouve dans cet emploi de sa fortune, celui-là peut être accusé justement de n'avoir pas les mœurs qui conviennent à sa position et à son temps.

Et j'en dis autant du commerçant, de l'ouvrier, de l'industriel qui, se destinant à ces métiers difficiles, ne s'est pas inquiété s'il avait l'énergie, l'esprit d'entreprise, et le savoir qu'ils exigent.

Ç'a été et c'est encore de nos jours une erreur commune de croire que faire le commerce s'apprend tout seul. Cela s'apprend, quand on y est mal préparé, au prix de terribles échecs qui découragent et ceux qui en souffrent et ceux qui en sont les témoins.

Je ne sais plus quel peintre célèbre faisait tous les trimestres l'inventaire de ses élèves, poussait les uns et rejetait les autres, disant que c'est peu d'être à bonne école et qu'il faut encore être de bonne étoffe. J'en dirai autant des apprentis commerçants et industriels : il leur faut le flair, et à la fois le savoir de leur profession.

Je mets constamment sur la même ligne le commerce et l'industrie. En effet, on ne saurait plus les séparer. Chaque jour tend à supprimer les intermédiaires. L'industrie est devenue commerciale, et l'industriel ne sortira vainqueur de la lutte que s'il sait produire et vendre. Voyons où en sont les nôtres, dans les solutions de ce double problème.

Je néglige ici les questions à tort ou à raison passionnantes : celle d'un milieu plus favorable à la production, celle de la charge écrasante des impôts, celle de l'article 11 du traité de Francfort. Je n'admets pas non plus que nos fabricants n'achètent pas au plus bas prix les matières premières, et je n'examine que les causes immédiates du prix de production, de la main-d'œuvre et de l'outillage.

Il est de mode, depuis quelques années, d'imputer tout le mal au renchérissement de la main-d'œuvre. A qui prétend-on faire croire que la main-d'œuvre soit plus chère en France qu'en Angleterre, aux États-Unis et en Allemagne? Cela est vrai, comme l'a dit M. Thierry-Mieg, si on compare les salaires de Paris à ceux d'une petite ville allemande. Et alors je demande pourquoi de grandes industries (je ne parle pas de la petite) restent obstinément à Paris, quand, sauf pour deux ou trois, la ganterie de choix par exemple, une très grande habileté de main n'y est pas indispensable. Paris excepté, partout les salaires sont inférieurs à ceux de l'Angleterre, et tout au plus égaux à ceux de l'Allemagne. Une statistique récente montre que les salaires hebdomadaires des ouvriers agricoles sont en Allemagne (Hesse) de 15 fr. 25, en France de 17 fr. 50, en Angleterre de 21 fr. 75, aux États-Unis de 31 fr. 25. Des enquêtes, également, récentes, dont M. Maurice Block a relevé les résultats, montrent que dans toute l'Allemagne les salaires agricoles ont énormément augmenté, et qu'ils ne sont compensés ni par le zèle ni par l'habileté des travailleurs.

L'habileté, en effet, voilà le côté faible, et celui sur lequel le patron doit tourner son attention. Prétendre aujourd'hui lutter contre le courant qui pousse l'ouvrier, dans tous les pays, à accroître son bien-être tout en diminuant son labeur, c'est une pure illusion. Mais le patron peut et doit exiger de ceux qu'il emploie l'habileté technique, de façon à compenser la diminution des heures detravail et l'augmentation des salaires. C'est ce qu'on a fait en Angleterre. « Il a été réservé à l'ouvrier anglais, dit l'auteur de la statistique que je citais plus haut, de prouver que ni plus de salaires ni moins d'heures de travail (56 heures par semaine) ne signifient nécessairement un travail plus cher. » Et il produit une foule de statistiques très édifiantes, où le travail anglais donne un produit qui, tout compte fait, est le meilleur marché. Or, parmi les espèces qu'il parcourt, il en est une où l'avantage reste à la France : c'est celle de l'industrie de la laine. Ce cas exceptionnel mérite d'être signalé et analysé. L'Angleterre possède 6,408,695 broches et 143,837 métiers, et emploie 265,269 ouvriers; la France a 3,037,837 broches, 78,676 métiers, et emploie 110,904 ouvriers; les Etats-Unis, enfin, ont 1,756,746 broches, avec 35,625 métiers et 86,504 ouvriers; soit, par ouvrier, 24 broches et 0.5 métier en Angleterre, 28 broches et 0.7 métier en France, 20 broches et 0.4 métier aux Etats-Unis. Il y a donc en France, dans l'industrie de la laine, un nombre d'ouvriers moindre pour la même quantité de broches et de métiers. Dans l'industrie du coton, il y a 1 ouvrier en Angleterre, pour 83 broches, aux Etats-Unis pour 66, en Allemagne pour 46, en France pour 24. Qu'on ouvre maintenant les statistiques du commerce français, et on y verra que l'industrie de la laine est, en temps ordinaire, extrêmement florissante, tandis que celle du coton prétend ne pouvoir vivre qu'à l'aide des droits protecteurs.

Si maintenant on cherche pourquoi cette différence dans la main-d'œuvre du coton et de la laine, on voit que cela correspond à une différence dans l'outillage. C'est une question sur laquelle je reviendrai plus loin avec détails; mais, dès à présent, je puis dire que, sauf dans quelques grandes maisons, comme celles de MM. Pouyer-Quertier, Thiriez, J. Siegfried, etc., l'outillage de notre industrie cotonnière est suranné et impuissant. Au lieu de « self-acting » mettant en mouvement 2,500 broches avec un fileur, deux grands rattacheurs et deux petits, la plupart des industriels ont des métiers à 500 ou 800 broches, qui exigent un fileur, un grand rattacheur et un petit. Economie : deux rattacheurs; perte : le produit de 1,700 à 2,000 broches.

Et ce n'est pas là le fait d'une industrie isolée. Presque partout on peut constater la même insuffisance. La meunerie française, par exemple, était justement renommée. La voici au premier rang de ceux qui ont réclamé et obtenu des droits protecteurs, sur la farine, — bien entendu. Elle exportait, en 1875, 2,144,710 quintaux; en 1877, elle n'en exporte plus que 1,686,603, en 1878, que 363,084, et en 1883, que 122,823; pendant le même temps, les importations ont monté de 28,838 quintaux, en 1875, à 430,908, en 1883. Et les causes de cette décadence? Il n'y en a qu'une, c'est qu'on a, vers 1874, révolutionné l'outillage de la meunerie. Les cylindres de métal se sont substitués aux meules en pierre. Ces cylindres, système Kolb ou autres, sont adoptés dans toute la Hongrie, dans les neuf dixièmes des moulins des Etats-Unis, et se répandent en Allemagne et en Angleterre. En France, dit M. Fougerousse, « les cylindres sont encore très peu employés; la mouture basse ou bâtarde, faite par les meules en silex, reste encore presque généralement employée... Les déposants, devant les diverses enquêtes, ont beau affirmer que notre matériel est à la hauteur de celui de nos concurrents étrangers; chaque fois qu'on va au dela de ces affirmations générales, on trouve, d'ordinaire, que notre outillage est, au contraire, dans un état d'infériorité très marquée ».

A Lyon, M. de Lanessan et la commission d'enquête des 44, ont fait des constatations semblables. Le métier à la main est encore l'immense majorité. On prétend qu'il permet seul de faire ces admirables tissus, la gloire de l'industrie lyonnaise et stéphanoise. Et voilà justement le mal. Nous faisons des produits trop beaux, et nous négligeons le produit *marchand*. On l'a bien vu à Amsterdam, où nous avons encore étonné le monde par notre élégance artistique et notre absence d'esprit pratique. M. Léon Permezel, un des membres de la fabrication lyonnaise les plus autorisés, a, très heureusement, résumé la situation dans le passage suivant : « L'organisation de l'industrie allemande des soieries est, dans son ensemble, assez différente de la nôtre. L'organisation intérieure des maisons de fabrique s'en rapproche; les loyers et les appointements y sont naturellement un peu moins élevés, ces comptoirs étant situés dans de petites villes et même fréquemment à la campagne. Les chefs de maison y dépensent une somme considérable de travail personnel très persévérant et très continu. Les bureaux, ouverts de huit ou neuf heures, se ferment de sept à neuf heures. Le prix de revient du tissage n'est pas beaucoup moindre que dans nos régions, et ce n'est pas, à notre avis, là qu'on doit chercher, ainsi que le veut à tort l'opinion généralement répandue, le secret de la force de nos voisins; c'est plutôt dans la perfection du travail que réside la raison de leur progrès si considérable. Les chômages, quand il y en a, et sous ce rapport nos concurrents ne

sont pas plus favorisés que nous, sont supportés par les fabricants, et ces derniers ne cessent pas pour cela de fournir du travail à
leurs ouvriers. Ils font tisser pour le stock, tout en pourchassant
les affaires sur tous les points du globe; cela donne au fabricant un
ascendant moral considérable sur les ouvriers; aussi remarque-t-on
la docilité exemplaire des tisseurs allemands. »

Mais pour tisser pour le stock, il faut des débouchés; sinon, on est
réduit à faire, comme nous, les affaires au jour le jour et à fabriquer
sur commande. On ne veut pas fabriquer au hasard et encombrer les
magasins, alors qu'on n'a pas l'habitude d'aller forcer la vente sur les
marchés extérieurs.

Les débouchés, voilà en effet la grande affaire. Et pour une foule de
causes, les débouchés nous manquent. Le bien-être qu'on trouve chez
nous, la modération de nos besoins, le penchant à restreindre nos
désirs plutôt qu'à développer notre activité, l'absence de concurrence
intérieure par la décroissance de la natalité, tout cela nous attache au
sol natal et nous prive de cette race de commerçants aventureux, fils
des pays saxons, qui apparaissent aux quatre coins du monde,
parlant toutes les langues, connaissant toutes les monnaies, prévenant
les désirs, soumis aux mille caprices d'une clientèle infiniment variée,
et s'ingéniant à placer, comme leurs compatriotes restés au pays s'ingé-
nient à produire.

Je n'ai que l'embarras du choix pour citer des exemples de notre
rare inaptitude, sinon de notre incurable apathie. J'en veux choisir
quelques-uns absolument authentiques, à caractère officiel, dont personne ne pourra infirmer la force probante.

Dans la seule année 1891, voici les principaux reproches que je
relève adressés par nos consuls à nos commerçants.

En premier lieu, celui de n'être pas renseignés sur les besoins et les
usages des places commerciales étrangères. « Il est opportun, écrit,
le 25 juin, le consul de Varsovie, d'attirer l'attention des industriels
et des négociants français qui désireraient se créer des débouchés
dans ce pays, sur trois points importants dont notre commerce ne
tient pas un compte suffisant dans ses rapports avec le consommateur ou avec le négociant. Pour soutenir avantageusement la concurrence étrangère en Pologne, il faut, en premier lieu, n'y expédier que
des articles d'un prix peu élevé, se conformer ensuite aux habitudes
du pays pour le mode de payement en accordant aux destinataires
le crédit d'usage, et enfin user largement de la réclame. Ce qui assure
avant tout à l'industrie allemande une grande supériorité pour l'écoulement de ses produits et lui a permis jusqu'à ce jour de défier toute
concurrence, c'est sa connaissance exacte des ressources du pays, des

goûts et des habitudes du consommateur. Constamment renseignée par ses agents, elle sait que le consommateur polonais s'adresse toujours de préférence à celui qui offre le meilleur marché, même au détriment de la qualité, et ne lui expédie que des articles qui n'ont ni la solidité, ni le fini, ni l'élégance des nôtres, mais qui trouvent un écoulement plus facile à raison de leur prix moins élevé. »

En second lieu, on leur reproche de ne pas se déplacer et de ne pas aller dans les pays mêmes nouer des relations commerciales. « On remarque, écrit, le 4 avril, notre consul à Dublin, que c'est toujours à un représentant, dont ils cherchent à s'assurer les services *par correspondance*, que les producteurs et commerçants français continuent à avoir recours. Or, ce mode de procéder est vicieux, et ce système de représentation ne peut leur être d'aucune utilité réelle ou leur offrir des garanties suffisantes. En effet, les maisons sûres auxquelles ceux-ci peuvent s'adresser sont rares : ce sont celles qui sont établies depuis longtemps sur la place et qui, depuis nombre d'années, ont déjà leurs relations faites avec la France ; elles ne prendraient les produits d'un nouveau négociant, si toutefois elles consentaient à s'en charger, qu'en lui faisant subir des conditions onéreuses. D'un autre côté, il ne manque pas de maisons d'un rang inférieur ou de personnes prêtes à se présenter pour servir d'agents, mais il pourrait y avoir de grands risques à accepter leurs services. »

Notre consul à San Francisco indique d'une façon bien plus significative encore les vices de la même pratique. « Il n'y a en ce moment, écrit-il, le 11 octobre, qu'un seul fabricant français de Lyon qui ait son agent spécial à New-York. Sept ou huit autres fabricants lyonnais, tout au plus, sont représentés par des maisons de commission new-yorkaises, qui ne les représentent que partiellement. Ces maisons de commission sont en général, sinon toutes, des maisons allemandes qui sont, en même temps, en relations avec Crefeld. Or, ces maisons ne peuvent pas représenter utilement les fabricants lyonnais, car toutes importent pour leur propre compte des marchandises rivales. Comment ne seraient-elles pas fatalement amenées à faire de la commission d'après l'intérêt bien entendu de leur propre importation ? Le résultat à prévoir est survenu à maintes reprises : les commissionnaires de New-York ont découragé les fabricants français ou autres, qui étaient bien plus leurs concurrents que leurs clients. »

Le consul général en Danemark résume ainsi les reproches que les commerçants danois adressent aux nôtres : « Vos producteurs entendent trop faire le commerce en amateurs ; ils ne veulent pas se déplacer, et, comme nous ne faisons pas de grandes affaires, que nous sommes obligés de maintenir nos frais généraux dans un cadre restreint, nous ne pouvons voyager et courir après la marchandise, ce n'est du reste pas notre rôle; dans ce cas particulier, nous sommes acheteurs, c'est au vendeur à nous faire connaître, voir et apprécier ses produits. La manière de procéder des Allemands nous est commode : ils viennent à nous, sans jamais se lasser, dix, quinze, vingt fois s'il le faut, nous séduisent par des facilités grandes de crédit, nous présentent des articles à des prix modérés, et... nous traitons avec eux. Imitez-les, ayez des commis-voyageurs, et, de préférence, nous prendrons les produits français toutes les fois que les prix seront en rapport avec les possibilités de vente. »

Et le consul de Dublin ajoute au rapport dont je donnais plus haut un fragment : « Il faut ajouter que les voyageurs des maisons allemandes connaissent en général très suffisamment la langue anglaise, ce qui est une condition des plus essentielles pour faire des affaires en Irlande où le nombre des personnes parlant et comprenant les langues étrangères est relativement très restreint. L'absence de nos commis-voyageurs, si l'on en excepte ceux chargés du placement des vins et eaux-de-vie, est remarquée ici, et ce n'est que par suite de cette abstention de leur part que certains bijoutiers de Dublin se fournissent uniquement d'articles anglais et allemands, que les placiers viennent leur offrir. En résumé, on ne saurait trop recommander à nos exportateurs, surtout en ce qui concerne l'Irlande, de faire preuve de plus d'initiative et d'activité, et de ne pas craindre d'augmenter leurs frais généraux par des déplacements personnels, par l'envoi de voyageurs et par l'emploi des moyens d'une large publicité; en confiant le placement de leurs articles et produits à des commis-voyageurs capables, sérieux et parlant l'anglais. »

J'arrête ici les citations des innombrables documents que j'avais réunis sur ce point. De tout cela il résulte que notre industrie manque d'activité, parce que notre commerce manque d'initiative. Reste à expliquer, autrement que par les raisons générales signalées plus haut, pourquoi l'initiative fait défaut au commerce.

Prenons, il s'en trouve, un commerçant entreprenant. Il veut aller à New-York fonder un comptoir. Un comptoir de quoi? De soie! Mais nos produits ne sont pas en faveur. De la soie pure, on n'en vend guère. Le consommateur ne veut plus qu'une étoffe chaîne de coton et trame de soie, que Manchester et Crefeld font à merveille. Lyon aussi saurait la faire, mais le coton lui fait défaut ou ne lui est livré, pour des raisons que je dirai plus tard, qu'à des prix exagérés. Et quand le commerçant français va offrir une étoffe française où il entre du coton, son acheteur en suspecte immédiatement ou la provenance ou la qualité. Que vendre alors? du fer? Même impuissance (prétendue) des maîtres de forges! des tissus de coton? quelle plaisanterie! des vins? il y a le philloxera; des eaux-de-vie? l'Allemagne nous a supplantés, et ainsi de suite de presque tous les autres produits.

Mais tout au moins il pourrait acheter. Ce n'est guère encourageant. L'approvisionnnement du marché français est bien vite complet; l'entrée, il se trouve falloir payer des droits de douane exorbitants, qui restreignent notablement la consommation. Ces droits, qui ne satisfont pas encore les protectionnistes,·sont les plus élevés de l'Europe commerçante. Sur la moyenne des impor tations ils sont, en Hollande, de 0.51 0/0; en Belgique, de 1.46; en Anglet erre, de 4.76; en Allemagne, de 6.65, et en France, de 8.49 0/0.

Si l'on joint à toutes ces entraves les inattentions fâcheuses d'une administration qui met, par exemple, un droit de 3 francs par cent kilogrammes sur les huiles quand elles viennent de l'étranger, et de 4 fr. 50 quand elles viennent de Tunisie; les chinoiseries de toute sorte par lesquelles on paralyse la bonne volonté et on décourage l'initiative; si enfin on récapitule toutes les causes d'infériorité que j'ai relevées précédemment, on s'étonnera moins que le commerçant soit peu enclin à risquer son capital et son travail pour des résultats plus aléatoires chez nous que partout ailleurs.

Et alors, la nation arrive peu à peu à s'engourdir et à s'étioler. Elle perd le sentiment de la concurrence vitale. Chacun de ses membres demande au pouvoir de le protéger contre les autres, et tous, contre l'étranger. Celui qui *possède* quitte la lutte, chacun veut vivre de ce qu'il a. Chacun confie au gouvernement, le plus déplorable des administrateurs, la gestion de ses capitaux. Chacun veut entrer dans le fonctionnarisme, avec le traitement d'un petit employé pour appoint à ses petites rentes. La nation vit en petit rentier. Et on oublie cette sage parole de Jacques Laffitte : « L'homme qui vit sur une œuvre passée doit devenir continuellement plus pauvre, parce que le temps le transporte, avec la richesse d'autrefois, au milieu d'une richesse toujours croissante et toujours plus disproportionnée. »

Laissons couler le temps, que deux ou trois générations suivent les mêmes errements, et l'Angleterre et l'Allemagne peuvent dormir tranquilles : la rivale industrielle de l'une, la rivale militaire de l'autre, ne portera plus ombrage à personne.

Mais je me refuse à croire que la situation présente se puisse prolonger. Les générations qui nous ont précédés ont vu la France tenir tous les autres États sous le coup de ses victoires, les gouverner par sa diplomatie, les charmer et les dominer par sa langue. La nation, tout enhardie, se lançait « avec une ardente confiance » dans tous les genres d'entreprises et réussissait dans tous. Le succès engendrait le succès.

La nôtre, venue trop tard, n'a pu être que le témoin de la chute. Elle a vu s'éclipser nos gloires et s'éteindre nos énergies. La défaite a, pour un temps, affaissé les caractères; mais ce que nos ennemis appellent le sommeil de la mort n'est que le repos avant le combat. La période du découragement et du recueillement est finie; la lutte va recommencer. Il nous faut des armes. Cherchons maintenant comment on pourra réparer les anciennes ou en forger de nouvelles.

CHAPITRE II

Sur la condition fâcheuse de notre industrie et de notre agriculture, il y a, nous l'avons constaté, unanimité dans les affirmations; mais sur le caractère et les causes, il y a controverse, et sur les remèdes, divergence absolue. J'ai pris parti sur les deux premiers points. J'arrive au dernier. Et je prends parti immédiatement.

Droit à l'ennemi. Il y a en France une école, considérable par le nombre et l'influence, en possession d'une prétendue panacée qu'elle applique à tous les maux : le protectionnisme. Sa confiance en ce topique est illimitée, et son zèle pour le répandre va jusqu'à la passion. Je ne dirai pas qu'elle provoquerait la souffrance pour avoir la joie et la gloire de l'apaiser. Tout au moins à la découverte du mal, ne trahit-elle pas plus de pitié pour les victimes que d'amertume contre ceux qu'elle en accuse, et les doléances où elle se répand sont autant de prétextes à vanter l'efficacité de son agent thérapeutique. Ses partisans sont l'activité même. Toutes les crises leur ont servi. Le gouvernement n'est-il pas de leurs amis ? Ils attaquent, avec une violence indigne d'aussi purs *gentlemen*, l'ineptie de gens sourds à tous les conseils de l'expérience; et, s'il en est, ils critiquent sa parcimonie à dispenser le baume sauveur. Aujourd'hui la crise agricole leur va comme de cire; après leur succès de 1870, les voici encore sur la brèche, j'allais dire sur leurs tréteaux, à sonner la charge; leur situation est meilleure que jamais ; le gouvernement presque entier les soutient;

l'agriculture, qui depuis vingt-cinq ans semblait désintéressée de la lutte, s'est laissée en partie persuader de se joindre à eux. Ils ont ainsi les gros bataillons; il est à craindre qu'ils ne tirent de leur victoire toutes les conséquences, et ne relèvent à l'envi tous les tarifs. Tâchons donc de voir clair dans leur système et, avec la plus entière bonne foi, d'en montrer les conséquences.

Il serait curieux de dérouler, dans leur ordre chronologique, leurs prétentions successives, et comment de l'idée de prohibition et de protection ils ont passé à celle de réciprocité et de compensation; mais cet exposé, tout démonstratif qu'il pût être, m'entraînerait trop loin, et je me contenterai de formuler leurs doctrines dans leur ordre logique.

Un pays, disent-ils, qui a une agriculture et une industrie florissantes est un pays forcément riche. Leur prospérité donne du travail à une population nombreuse, des bénéfices aux capitalistes et le bien-être à toute la nation. Celle-ci ne doit pas leur marchander son concours. L'agriculture languit, une industrie, déjà ancienne, éprouve momentanément quelques difficultés : on fera bien de l'assister, en la protégeant contre les produits similaires de l'étranger. Entrevoit-on la possibilité d'importer dans le pays une industrie nouvelle : il faut, par des tarifs prohibitifs, puis protecteurs, lui permettre de prendre racine et de grandir. Bien entendu que ce sont là des mesures d'une durée variable avec les circonstances, mais essentiellement transitoires. C'est ainsi qu'en 1834, les industries protégées ont demandé, les unes cinq ans, les autres dix ans de privilège pour se mettre en état d'affronter la concurrence étrangère.

Le pays se rend à ces raisons. Le temps passe : dix, quinze, vingt ans. Le consommateur voit à l'étranger les mêmes produits vendus 50 0/0 meilleur marché; il s'en indigne. Nos intérêts généraux exigent-ils vraiment que l'on paye si longtemps à une classe spéciale d'industriels leurs produits au-dessus du cours normal? Il se tourne alors vers eux et leur pose ce dilemme : ou vos industries aujourd'hui sont prospères et vous ne sauriez sans indélicatesse réclamer comme nécessaire ce qui n'est plus que du superflu; ou vous êtes incapables de lutter avec l'habileté étrangère; après tant d'années l'expérience est concluante, et je ne vois pas l'utilité de sacrifier, vous, tant de travail, nous, tant d'argent, pour arriver à ce résultat misérable : produire à 100 ce que d'autres vendent 80 avec bénéfice. Vous devez, comme moi, être dégoûtés de la lutte : cessons l'expérience et ouvrons nos portes aux produits étrangers.

Mais les courageux industriels ne sont pas dégoûtés; ainsi que nous, ils avaient espéré que les mesures protectrices ne seraient que temporaires; aujourd'hui ils reconnaissent leur erreur. La protection doit être permanente comme sont permanentes les causes de supériorité de leurs concurrents étrangers placés dans des conditions économiques plus favorables. Si on eût pu prévoir un tel résultat, certes il eût mieux valu ne pas créer ou développer ces industries; mais aujourd'hui, après tant de travail et d'argent dépensés, faut-il laisser périr d'aussi importantes entreprises? « Sans doute, disent-ils, il serait, à certains égards, préférable pour le consommateur d'acheter tous les produits au plus bas prix possible. Mais n'est-ce pas une utopie que l'espérer?

« Supposons supprimés les droits protecteurs : immédiatement les industries protégées succombent sous la concurrence étrangère. Celle-ci, n'ayant plus de rivale, relève ses prix, les fixe à son gré, bien au-dessus de ceux que vous nous payiez. Et ce n'est qu'un côté de la question. Avec quoi payera-t-on, à ce prix surélevé, les produits étrangers? Ne nous croyez pas si arriérés que de nous prêter l'idée qu'on paye avec de l'or. Les produits se payent avec des produits. Un pays comme le nôtre fait son commerce lui-même. Le négociant s'en va porter ses produits à l'étranger dont il rapporte en échange les produits bruts ou fabriqués. Et quels produits ira-t-il porter à l'étranger? Qui lui en fournira en France? A l'agriculture comme à.l'industrie vous aurez successivement brisé les ailes. Le blé ne va pas : faites des prairies, avez-vous dit.·L'élevage ne va pas: faites de la culture maraîchère. Faites autre chose, voilà ce que vous avez dit à l'agriculture.

« Et à l'industrie? Le fer se plaignait : « fermez boutique »; le coton se plaignait : « fermez »; le lin se plaignait : « fermez ». Faites autre chose et fermez, voilà vos remèdes! Vous aurez organisé le néant. Où sont-ils vos produits avec quoi payer ceux de l'étranger? Autrefois, du temps de la protection, les produits de l'étranger étaient arrêtés par les droits; ils le sont aujourd'hui par votre insolvabilité. Et, en outre, vous avez désorganisé les industries, effrayé les capitaux, livré les ouvriers sans ouvrage aux mauvais conseils : vous avez consommé la ruine et préparé le désordre. »

Je n'exagère rien. Tout le monde a lu ou entendu de pareils raisonnements. Est-ce vrai? Est-ce que jamais on a dit à toutes les industries : fermez ou faites autre chose? Il semblerait, à les entendre, que toutes les indústries fussent, à cet égard, absolument solidaires, que toutes eussent besoin d'être protégées, et que toutes voulussent l'être. C'est altérer la vérité. La laine, par exemple, comptait, et, malgré les droits dont on l'a affublée en 1879, compte encore de nombreux partisans du libre-échange. Que disaient les fabricants de Fourmies à la commission d'enquête de la Chambre des députés, le 13 juin 1878, à propos des tarifs généraux et du renouvellement des traités de commerce. « Nous sommes tout nouveaux dans l'industrie, c'est en vain que vous nous auriez cherchés, il y a quarante ans, sur la carte industrielle de France. En 1860, nous avions 200,000 broches, nous en avons aujourd'hui 688,491, et notre production s'élève à 110,000,000 de francs. Ce grand développement ne s'est pas accompli sans luttes, nous n'avons eu que trop souvent nos mauvaises années, et la concurrence des produits similaires étrangers nous a parfois infligé de profondes blessures; mais dans ces malheureuses circonstances, au lieu de nous en prendre à l'Etat. et de lui demander à grands cris assistance, nous avons préféré chercher nous-mêmes les causes des crises que nous subissions, nous avons étudié les moyens d'y remédier, et après les avoir trouvés, nous n'avons reculé devant rien pour les appliquer. » Que l'on compare ce langage à celui des protectionnistes. Et la laine n'est pas seule à le tenir. La soie, malgré de cruelles souffrances, ne réclame pas de droits protecteurs, ni les tulles et dentelles de Saint-Pierre-les-Calais, ni les draps du Cateau, ni les confections de Saint-Quentin.

On n'a donc pas dit à toutes les industries : fermez ou faites autre chose. On a dit à celles qui se plaignaient : faites *autrement*, employez d'autres méthodes. Voici notre agriculture dont le rendement moyen n'est que de 14 hectolitres à l'hectare. L'étranger, par une culture plus soignée, obtient de 18 à 36 hectolitres. Qu'elle fasse comme l'étranger. M. Grandeau, dans le bel ouvrage que j'ai déjà cité, nous livre le résultat de ses expériences sur le choix des semences, la nature des engrais appropriés, l'emploi des machines, etc. Qu'elle s'inspire de ses conseils. Nos protectionnistes se plaignent de l'inanité de leurs efforts : ces efforts ont-ils été persévérants? Croient-ils que les industries prospères le soient sans interruption? Qu'ils lisent la suite de la déposition des industriels de Fourmies : « Constamment à la recherche des améliorations apportées dans la partie mécanique, disent-ils, nous les avons discutées, essayées, et jamais nous n'avons hésité devant les lourdes dépenses qu'exigeaient les transformations de nos machines. Plus d'un des établissements de notre région, créés depuis quinze ans à peine, ont, soit dans un but de perfectionnement des produits, soit afin d'arriver à les établir à un prix de revient moins élevé, soit enfin pour rendre le travail de l'ouvrier moins pénible, déjà renouvelé deux ou trois fois presque complètement leur matériel, ce qui peut se chiffrer par quelques centaines de mille francs pour chacun d'eux. »

Enfin, les partisans du protectionnisme se moquent de nous quand ils parlent de ruine, d'ouvriers jetés sans travail, et de révolution. Leurs industries seraient-elles donc, du jour au lendemain, forcées de fermer leurs ateliers et de licencier leur personnel? Ne savons-nous pas comment finissent les maisons en décadence, lentement, diminuant graduellement leurs frais avec leurs affaires? Et puis, cette prompte ruine, cette impossibilité de lutter, qu'on nous donne comme inévitable, ne me semble pas à moi aussi évidente. C'est un *postulatum*. Je ne l'accepte pas. Et je ne veux pleurer que si votre mort m'est démontrée.

Quittons les thèses générales. Etudions par exemple l'industrie du coton, où se recrute votre état-major. Elle gémit depuis trente ans. On pourrait s'étonner de ses plaintes : on ne perd pas d'argent pendant si longtemps; on a sombré dès les premières années. Mais passons.

Mettons d'abord de côté la petite industrie. Celle-là est condamnée. Tout ce qu'elle peut exiger, c'est un délai pour liquider ou se transformer. Restent les grands industriels, ceux qui sont outillés avec la dernière perfection, et qui cependant déclarent la lutte impossible. Cherchons donc ce qu'il y a de vrai dans ces doléances, et voyons ce qui nous constitue en état d'infériorité.

Il pourrait y avoir des causes extrinsèques, étrangères à l'industrie, et des causes d'ordre technique.

La seule cause extrinsèque que j'aperçoive pourrait être le poids de nos impôts.

Les impôts, qui atteignent en France le commerce et l'industrie, sont l'impôt des patentes, environ 160 millions : un dixième de l'impôt foncier, environ 40 millions; un dixième des centimes locaux, environ 35 millions; total : 235 millions d'impôts spéciaux, et, en outre, leur part proportionnelle dans les impôts généraux.

L'industrie et le commerce anglais payent à l'*Income tax*, année moyenne, un peu plus de 125 millions, et pour les *licenses* près de 90 millions, total : 215 millions. A cela il faut ajouter leur part dans les taxes locales : je l'évalue, d'après les autorités les plus sûres, à 80 millions. C'est donc plus de 300 millions d'impôts spéciaux; sans compter les impôts généraux. Ne parlons donc plus de nos impôts écrasants comme d'une cause d'infériorité pour l'industrie et en particulier pour notre industrie cotonnière.

Voyons maintenant, dans l'ordre technique, nos causes d'infériorité. Elles pourraient provenir de l'organisation de l'industrie, du prix des matières premières, de la main-d'œuvre, de l'outillage, et des transports.

Les transports, en France, coûtent cher. L'État prélève un impôt de 23 0/0 sur les transports par grande vitesse, et les tarifs, même de petite vitesse, sont un peu plus élevés qu'en plusieurs autres pays. Toutefois on peut dire que ce n'est point là la plus forte cause de l'élévation du prix de revient.

L'organisation de l'industrie est également défectueuse. Voici comment. En Angleterre, l'emploi des capitaux anonymes ou en commandite est très fréquent. Des capitalistes réunissent une certaine somme, fondent une usine, et mettent à sa tête un spécialiste qui reçoit le plus souvent des appointements fixes. Les bénéfices, après les déductions d'usage (amortissement, réserve, etc.), se partagent entre les associés. Ceux-ci n'ont pris aucune peine, ils ont consacré leur travail personnel à d'autres soins : 5 ou 6 0/0 leur paraissent une rémunération très suffisante. L'industriel français travaille avec ses propres capitaux. Pour payer son travail et son capital, il lui faut, et ce n'est pas exagéré, au moins 10 0/0. S'il ne les a pas, il crie à la misère, et quitte la partie.

Toutefois les causes d'infériorité que nous venons de signaler jusqu'ici sont amplement compensées par certains avantages. Les terrains où sont édifiés les fabriques, en Angleterre, sont loués ordinairement un penny et demi ou 2 pence le yard carré, soit à peu près 2,150 francs l'hectare. Ce prix de location, capitalisé à 5 0/0, représente une valeur de 43,000 francs. En France, même aux portes de Rouen, au Petit-Quévilly, l'hectare coûte au maximum 25,000 francs. De là une économie considérable.

Les bâtiments aussi coûtent moins cher; le prix des matériaux est plus élevé, mais la main-d'œuvre, dans cette partie, l'est sensiblement moins.

Enfin les réparations de toute espèce sont moins coûteuses qu'en Angleterre.

Jusqu'ici, on le voit, nos industriels cotonniers sont au moins à égalité avec leurs concurrents.

La matière première, on l'a en France au même prix qu'ailleurs, et la main-d'œuvre, quoi qu'on prétende, y est moins cher.

Au contraire, la houille et l'outillage sont à des prix sensiblement plus élevés qu'en Belgique et qu'en Angleterre. Sur ces deux derniers points, il n'y a pas à nier l'infériorité de nos nationaux. Je ne leur cherche pas chicane, et ne leur demande pas pourquoi ils ont, en général, établi leurs industries si loin des bassins houillers. Ce qui est fait est fait. Mais je leur apporte un remède immédiat et pratique. Seuls le fer et la houille leur coûtent plus cher qu'à leurs rivaux : qu'ils demandent la suppression des droits de douane sur la houille et sur le fer brut ou travaillé. Les industries minières ou métallurgiques françaises, après cette suppression, seront forcées de baisser leurs prix, et cela ne les ruinera pas, j'en suis sûr; si, comme elles le prétendent, elles succombent, nos industriels iront s'adresser à l'étranger. L'emballage et le transport s'élèveront pour l'outillage à environ 12 0/0 de sa valeur; la houille, grâce aux tarifs de pénétration, sera amenée à très peu de frais. Et désormais rien ne s'opposera à ce que toutes les indus. tries, textiles et autres, puissent, sans droits protecteurs, lutter efficacement contre l'étranger.

A cette proposition qui semble si naturelle, *tous* les industriels protégés prennent fait et cause pour la houille et le fer français, et réclament énergiquement le maintien des droits qui les protègent. Les autres industries s'effacent derrière celles-ci. Faisant à dessein de leur cause la cause commune, elles disent que la sécurité nationale est liée à leur prospérité. Qu'une guerre survienne : où prendrons-nous la houille nécessaire à notre marine, le fer nécessaire à nos établissements militaires? Qui nous forgera des armes?

On n'a pas encore trouvé mieux que ces arguments puérils. Mais a-t-on jamais ouï dire qu'un peuple quelconque ait manqué d'armes en temps de guerre faute d'usines où les forger? Aurons-nous d'ailleurs attendu pour faire nos approvisionnements la période des hostilités déclarées? Et puis la guerre est-elle la règle? Faut-il, en prévision d'un danger lointain et d'une période tout à fait exceptionnelle, préparer d'une façon certaine la décadence de nos autres industries? Car le raisonnement n'est pas difficile. Prenons toujours le même exemple. Notre métallurgie vend trop cher son fer en barre. Le fer travaillé, les machines, l'outillage s'en ressentent; leur commerce intérieur et extérieur diminue : on vend moins quand on vend plus cher. Le coton, entravé par le prix élevé de son outillage et de la houille ne peut plus fabriquer à bon marché ses filés ou ses tissus. Les filés de coton s'emploient dans plusieurs industries qui les mélangent à de la laine ou à de la soie. Celles-ci, ainsi surchargées par le haut prix de la houille, du fer, et des filés de coton ne peuvent à leur tour lutter avec les produits similaires de l'étranger. Supprimez les droits sur le fer et la houille : tout cet organisme troublé reprend son équilibre, et nos industries, protégées ou non, émancipées désormais, s'épanouissent en toute liberté.

Et qu'y aurait-il donc d'anormal à ce faire? Surtout si l'on prend des ménagements et qu'on donne aux intéressés quelques années pour liquider, si tant est qu'ils doivent liquider. Qu'y aurait-il que de rationnel? Un industriel a deux industries, l'une prospère, l'autre qui végète. Sa conduite est toute tracée : il doit liquider la seconde et développer la première. Ce qui est vrai d'un industriel ne devient pas faux appliqué à deux, à dix, à cent, à mille, à cent mille. Mais dès qu'il doit s'appliquer à la nation, à ce commerçant unique occupé de milliers d'industries, on trouve le raisonnement stupide.

Je me suis toujours placé dans cette hypothèse que les plaintes des industriels protégés étaient sincères, et que la protection leur semblait indispensable. Cependant j'ai quelque doute en voyant les résultats de la liberté commerciale, même limitée, dont nous avons joui de 1860 à 1870. Demandez aux protectionnistes de vous montrer leurs livres avant et après 1860. Quelques-uns ont avoué des bénéfices, de 30 0/0, en certaines années; mais, disent-ils, nous les avons faits non pas à cause de la liberté, mais malgré la liberté. Notre industrie prenait son essor avec tant de vigueur que même cette mesure désastreuse n'a pu l'arrêter. Bon. Voici bien une autre preuve : « Avant la guerre, les filateurs alsaciens figuraient parmi les plus zélés partisans de la protection. Placés, à la suite des tristes événements de 1870, dans des conditions toutes nouvelles (les filés de coton qui payent à leur entrée en France un droit variant de 15 à 385 francs ne payent à leur entrée dans l'empire allemand qu'un droit de 15 à 45 francs), ils ont dû, sous peine de périr, adapter leurs fabriques à ces conditions; ils ont amélioré leur outillage; pas une filature ne s'est fermée, et c'est à elles que les tisseurs de Lyon et de Troyes demandent une grande partie de leurs fils de coton, malgré les droits qu'ils ont à payer pour les faire entrer en France. C'est que, grâce à la transformation de l'outillage et à la recherche incessante des perfectionnements à y apporter, les filateurs alsaciens sont parvenus à faire des fils meilleurs et moins chers que ceux des filateurs français. »

Nos adversaires ne sont point convaincus. Ils nient d'abord que les filatures alsaciennes soient prospères. Ils font remarquer que les filatures d'Alsace se plaignent beaucoup depuis les dernières années; ce qui, observent-ils judicieusement, est un indice de souffrance. Puis, comme on leur objecte que jamais cultivateur n'est content de la récolte ni industriel de la concurrence, ils changent brusquement de thème et prétendent que le libre-échange est une institution déplorable. Non pas, il est vrai, pour les industriels eux-mêmes, pour les patrons qui en retirent parfois de grands avantages, mais pour leurs ouvriers, et l'ensemble de la nation. Une énorme production, avec de gros salaires et des bénéfices immenses, voilà un côté de la médaille; le chômage, parce qu'il y a eu surproduction, la misère des travailleurs et le malaise général, voilà l'autre côté. C'est notamment ce qu'on voit en Angleterre. Eh bien, la France, pays de gens sensés et point aventureux, n'aime pas ces à-coup désastreux, elle marche au progrès sans jamais reculer, mais d'un pas lent. Voyez-y la distribution de la richesse : partout une honnête médiocrité. C'est aussi l'idéal qu'elle se propose dans les affaires. Le système des droits protecteurs laisse vivre tout le monde, la petite et la grande industrie. Au lieu de trois ou quatre colosses dans chaque branche, une foule de mai-

sons, médiocres pour la plupart : place pour tous, c'est sa devise. Et
cette devise a si bien séduit aujourd'hui le monde entier, qu'après des
tentatives malheureuses, il est tout à fait revenu du libre-échange, à
l'exception de la seule Angleterre qui a ses raisons pour y per-
sévérer.

Tel est à peu près le système que M. Pouyer-Quertier a développé
dans mainte réunion, et notamment au mois de décembre 1881, à la
Société d'Economie populaire de Paris. Mais au plus beau temps du protectionnisme il y a eu des crises au moins aussi nombreuses et intenses
que depuis l'avènement de la liberté commerciale en 1860. Crise en
1818, crise en 1826, en 1830, en 1839, en 1847, en 1857. A l'abri derrière
leurs droits protecteurs, les producteurs ne faisaient rien pour se tenir
au courant des progrès de l'étranger. Et si la liberté commerciale a eu
en Angleterre certains inconvénients, elle a eu en revanche de tels effets
que jamais l'Angleterre ne voudrait y renoncer.

Il y a un siècle, au dire de J.-B. Say, elle était moins riche que nous.
Aujourd'hui elle a le premier commerce du monde, et l'agriculture la
plus avancée. Celle-ci souffre, il est vrai, mais pour des causes qui n'ont
rien à voir avec la liberté commerciale, et, quoi qu'en ait dit M. Pouyer-
Quertier, ses emblavures ont augmenté, en 1881, de 26,000 acres. Aussi
les anciens protectionnistes anglais ont-ils de bonne grâce confessé leur
erreur. Et lord Beaconsfield qui, étant encore M. Disraeli, s'est montré
de 1842 à 1846 l'adversaire acharné de sir Robert Peel, a pu dire à ses
électeurs : « L'esprit du temps actuel tend à la liberté commerciale... Les cultivateurs anglais, qui n'étaient nullement préparés à la
révolution commerciale qu'ils ont subie en 1846, l'ont combattue tant
qu'ils ont cru possible de la prévenir ; du moment où ils ont compris
qu'elle était inévitable, ils l'ont acceptée avec un courage et une rési-
gnation dignes d'admiration... Ils ont compris que si au lieu d'obtenir
24 à 26 boisseaux à l'acre, qu'ils vendaient autrefois 54 à 56 shellings le
quarter, ils en pouvaient faire rendre au même sol 40 et 50 boisseaux,
ne les vendissent-ils que 40 shellings le *quarter*, il y aurait profit
pour eux ; ils ont demandé au mécanicien de drainer leurs terres et de
leur fabriquer des instruments qui leur épargnent du travail ; ils ne
craignent pas de faire des dépenses considérables, sur la parole des
chimistes, pour donner au sol des engrais de toute nature, et ils n'ont
pas été longtemps à en recevoir la récompense. »

Voilà où en est le protectionnisme en Angleterre. Ses partisans sont
convertis. Les nôtres répondent bien que l'Angleterre seule peut être
libre-échangiste, qu'elle a su, pendant la période de la protection, s'ou-
tiller de façon à produire tout meilleur marché que les autres nations,
qu'elle s'est ainsi préparé le monde entier pour clientèle (ce qui n'est

déjà pas si maladroit) et qu'étendue sur son île comme un gigantesque octopode, elle se dispose à sucer jusqu'à la moelle et à ruiner tout peuple qui lui accordera la liberté commerciale. Mais quel pitoyable argument! Et que font-ils de la théorie des échanges qu'ils se vantaient de si bien connaître? Si les peuples étrangers sont la clientèle de l'Angleterre, comment peut-elle désirer leur ruine? Est-il de l'intérêt d'un marchand que sa clientèle soit ruinée?

Au surplus, ce souffle de protectionnisme qui a passé sur le monde est aujourd'hui bien affaibli. En Belgique, en Allemagne même, la liberté commerciale voit venir à elle tous ceux qui n'ont pas trouvé dans le protectionnisme le remède tant de fois promis à leurs souffrances. Et aux Etats-Unis, le message d'adieu du président Arthur, l'élection de M. Cleveland et les commentaires dont la presse l'a accompagnée montrent bien sur quel terrain on a placé la lutte politique. Le tarif Morrison a pu être rejeté : c'est la dernière victoire du parti protectionniste. Quant à la France où le protectionnisme serait dans le vœu de la nation, bien mieux, dans son tempérament, les causes de son succès sont bien connues. Outre qu'il s'expliquerait fort bien par l'air aimable et les promesses flatteuses du système, il ne faut que connaître un peu d'histoire pour en découvrir le véritable motif : qui faisait les lois de 1815 à 1858 ? Tous ceux qui étaient les intéressés au protectionnisme, grands industriels, grands propriétaires fonciers. C'est la haute situation de ses partisans, et leur influence dans les Chambres et le gouvernement qui ont permis leur triomphe. Et si l'on en pouvait douter, un seul rapprochement de dates en fournirait, sur un point spécial, une preuve irréfutable.

Les teinturiers et les imprimeurs français d'étoffes de coton ont acquis une habileté particulière qui fait rechercher leurs produits à l'étranger. Vivant de l'exportation, il leur faut lutter de bon marché avec leurs rivaux. Les tisseurs français ne peuvent pas leur livrer l'étoffe écrue prête à teindre au même prix que les tisseurs étrangers. On autorise donc l'entrée en franchise des tissus étrangers, à la charge de les réexporter sous des conditions de surveillance déterminées, après impression ou teinture, dans un délai maximum fixé d'abord à six mois, et réduit à quatre mois par le décret du 17 décembre 1868. C'est ce qu'on appelle l'admission temporaire. Le principe en a été posé dans la loi du 5 juillet 1836, relativement aux métaux. Il a été, par des ordonnances ou décrets, étendu à d'autres matières. C'est un décret du 18 février 1861 qui l'a appliqué aux tissus de coton. Cette pratique, qui prête d'ailleurs à certaines fraudes et dont notre gouvernement n'a pas su organiser la contre-partie, l'exportation temporaire, qui serait si utile cependant pour les impressions sur laine en Alsace, cette pratique est naturellement dénoncée par les tisseurs français, furieux de voir une partie du commerce leur échapper. Le tissage se fait principalement à Rouen et dans les Vosges. Le 2 janvier 1870, M. Buffet, représentant de la région des Vosges, arrive au ministère : le 9 janvier, sept jours après, paraît un décret ainsi conçu : « Quatre mois après la date du présent décret, les tissus de coton purs ou mélangés cesseront d'être admis au régime de l'importation temporaire. » C'est pour cela que les protectionnistes disent de leur système qu'il est dans les vœux de la France. Qu'ils aillent persuader aux tisseurs lyonnais, forcés par les besoins de la consommation moderne de fabriquer des étoffes à chaîne de coton et à trame de soie, qu'il est dans leurs vœux de ne pouvoir importer temporairement des fils de coton au-dessous du nº 50, et de se voir ainsi battus à l'extérieur pour avoir employé des cotons français.

Voilà comment le protectionnisme a triomphé en France, et comment ses partisans ont réussi à faire figurer au tarif général des douanes 580 articles. Et à quels taux ? A les entendre, encore aujourd'hui, on croirait que nous avons la liberté commerciale illimitée. Nos droits sont les plus élevés de l'Europe, sauf en Russie et chez les nations non commerçantes. M. Teisserenc de Bort a fait récemment la comparaison des chiffres respectifs sur les mêmes matières dans les tarifs français et allemands : la supériorité des chiffres nous est acquise. Sans compter que les droits transformés de droits *ad valorem* en droits spécifiques, majorés de près de 40 0/0 en 1879, l'ont encore été indirectement depuis cette époque de 30 0/0 à 50 0/0 par la baisse des prix.

Que n'a-t-on pas taxé? Qui n'a-t-on pas protégé? Les maîtres de forge, les tisseurs, les filateurs, les fabricants de sucre, la marine marchande. Tout le monde en veut. Voici nos ouvriers qui demandent l'expulsion des travailleurs étrangers. Grand émoi des fabricants. Je ne trouverais pas cela plus ridicule qu'un droit sur le blé, sur la farine ou sur les bestiaux. On s'achemine ainsi peu à peu à la protection universelle, et l'État va, comme l'a dit M. Ballue, devoir garantir à chacun un minimum de salaire ou de bénéfices.

Ce qu'il y a de plus fâcheux, c'est d'être protégé malgré soi. Au reste, c'est, en toute matière, assez l'habitude en France. En 1879, on l'a fait pour le plus grand nombre des filateurs de laine, au bénéfice de Sedan et d'Elbeuf. Et tout récemment encore on a vu certains intéressés réclamer contre l'excès des soins qu'on leur prodigue. Les herbagers du Nord auraient bien voulu n'être pas coiffés et aveuglés du bonnet protectionniste, comme l'ont été les filateurs de laine. Mais le Gouvernement et le Parlement leur ont dit qu'ils ne savaient pas quels merveilleux effets leur apporterait la protection.

Ces effets, voici comment, en général, se les figurent les protectionnistes : un bénéfice à tout événement. Si les résultats de l'année sont mauvais, les droits les atténuent ; s'ils sont bons, ils les doublent. Cela n'est pas très sûr. Sur les objets de première nécessité, notamment comme le blé, les droits risquent fort d'être inefficaces. Qu'il y ait disette, nul gouvernement ne voudra la changer en famine par l'application rigoureuse des tarifs ; et s'il y a abondance à l'intérieur, on n'a que faire de se défendre contre des blés étrangers qui ne viendront pas. Ceux qui ont mené la campagne actuelle, quelques-uns d'entre eux, tout au moins, le savent bien. Ce sont les vieux champions, ceux à qui, je le démontrerai, le protectionnisme profitera toujours. Quant aux autres, quant à l'immense majorité des petits agriculteurs, ils n'y connaissent rien. Les maîtres de forges, les cotonniers, etc., les enrôlent avec eux, de peur un jour de les avoir contre eux. L'armée marche, et les grands chefs, à qui jamais un désastre n'a nui, ceux-là seuls savent où ils la conduisent.

Les effets du protectionnisme, quels qu'ils soient, ne se produisent d'ailleurs qu'à longue échéance. Il en est de même de tous les phénomènes d'ordre économique.

Étudions-les d'abord à l'égard des industries protégées, ensuite à l'égard du reste de la nation.

Les industries protégées ressentent assez promptement un certain bien-être. Le marché intérieur qui, par hypothèse, leur offre des débouchés suffisants, est forcé d'en passer par leurs volontés. Les prix haussent ; la consommation ne diminue que si les droits sont véritablement excessifs ; tout leur sourit. Cependant, dès cette première période, les résultats de la protection ne sont pas les mêmes pour tous, et immédiatement apparaît la répartition inégale des avantages promis. Prenons deux filateurs. Les droits équivalent à une protection, disons de 10 francs par broche. Celui qui en a 120,000 reçoit 1,200,000 francs ; celui, moins puissant, qui n'en a que 10,000, reçoit seulement 100,000. Le protectionnisme a donc organisé en fait la distribution des richesses.

Mais, en somme, ceci est affaire entre protectionnistes. Ils ne sont, d'ailleurs, qu'au début de leurs dissentiments : à cette première période en succède une seconde, celle de l'encombrement des industries protégées. Le calcul, qui a poussé les industriels ou propriétaires à réclamer des droits protecteurs, ce calcul se présente à tous les esprits. Les capitaux disponibles se portent vers ces industries privilégiées, conformément aux lois ordinaires ; les produits, trop considérables, se font concurrence, et les prix s'avilissent.

Une expérience toute récente est venue sur ce point donner à la théorie une confirmation éclatante. En 1879, il y avait au Canada sept manufactures de coton faisant honneur à leurs affaires. En 1880, quand vint le système protecteur, tout le monde voulut se faire cotonnier ; aujourd'hui, le Canada possède 21 filatures avec 482,000 broches et 16,730 métiers. Les manufactures se sont fait concurrence, les prix ont baissé à un tel point qu'on a travaillé à perte. Il a fallu alors aviser. D'abord, on a, d'un commun accord, fermé les manufactures deux jours par semaine, et réduit la production de 10 0/0. Cela n'a pas suffi. Les chefs de diverses manufactures se sont décidés, en avril 1884, à supprimer les métiers produisant le shirting, dans une proportion de 50 0/0 ; à réduire, dans la même proportion, la production de « grey cottons » ; enfin à mettre en vente une grande partie de cotons sur les marchés européens où ils seront écoulés à tout prix. On prévoyait une perte de 50 0/0. Et, avec tout cela, on n'espère pas avoir trouvé le remède définitif.

Si la protection a porté non sur une seule industrie mais sur plusieurs, l'effet démoralisateur de ces résultats est décuplé et même centuplé. Le succès immédiat qui a suivi l'ouverture de la période de production a élevé partout la main-d'œuvre ; la dépression qui se produit ne la ramènera pas au prix normal. Les frais de premier établissement pour les manufactures fondées depuis la protection sont tels que désormais elles ne peuvent lutter avec l'étranger. Celui-ci en prend avantage, développe ses affaires, fabrique en grand et économiquement, et, à moins que les droits protecteurs ne se changent en droits prohibitifs, il arrive, à force de progrès, à battre l'industrie protégée sur son propre terrain. De rares industriels résistent : ce sont ceux qui ont un outillage absolument supérieur et une caisse de réserves. Après la grande crise de 1858, en 1859, on a distribué 120 millions aux industriels nécessiteux. Combien cela en a-t-il sauvé ? 2 ou 3 0/0. Le reste a succombé sous la concurrence étrangère toujours plus puissante. Cela peut étonner d'abord. Tel est pourtant l'effet de la concurrence. Ceux qui connaissent l'exemple cité par Mac Culloch, des distillateurs de Leith, arrivant à distiller une même quantité d'alcool en quelques heures au lieu d'une semaine, puis, sur de nouvelles exigences du fisc, en huit minutes, et enfin, pressés par la même nécessité, en trois minutes, de sorte que la distillation se faisait 2,880 fois plus vite que dix ans auparavant, ceux-là accepteront aisément la conclusion à laquelle j'arrive. L'expérience, d'ailleurs, a confirmé ici encore la théorie. En 1879, les droits d'entrée des fromages de Gruyère en Allemagne ont été portés de 12,50 à 25 francs les 100 kilos ; en 1884, la Suisse avait, par une fabrication perfectionnée, forcé les obstacles nouveaux et retrouvé en Allemagne la plus grande partie de ses anciens débouchés.

J'ai cité plus haut l'exemple tout aussi probant des filateurs alsaciens après la guerre de 1870.

Pendant ce temps, en face de cet essor admirable de l'industrie étrangère, l'industrie similaire dans le pays protectionniste a végété. Il n'y reste plus qu'une faible concurrence intérieure, contre laquelle la protection est malheureusement impossible. Les capitaux qui avaient afflué commencent à se retirer de ces industries. Le vote des droits protecteurs a épuisé la bonne volonté des pouvoirs publics qui refusent maintenant d'accueillir la demande de remèdes cette fois véritablement efficaces. La protection n'a pas donné au fermier ou au propriétaire foncier, par exemple, le crédit qui lui serait si nécessaire. Le jour où l'on tente d'organiser le crédit agricole, le Parlement, qui se croit en règle avec eux, ne veut plus, au moins de longtemps, déserter ses autres travaux; et l'initiative privée ne veut pas risquer ses capitaux dans une entreprise qui ne lui offre plus qu'une médiocre sécurité. L'industrie protégée languit, si même elle ne succombe.

Il y avait, avant la protection, certaines industries tont à fait florissantes. Les brillants débuts du protectionnisme leur enlèvent une partie de leurs capitaux. On déserte une industrie acclimatée et viable pour une industrie exotique et factice. C'est ce qui s'est produit en Russie quand on inaugura la protection industrielle. « L'agriculture, à laquelle les industries privées ont enlevé les capitaux, les intelligences et les bras, se montre de moins en moins capable de soutenir, sur les marchés étrangers, la concurrence des blés de l'Amérique et de l'Inde. L'exportation du froment, par exemple, dit le *Kievlanine*, faiblit d'année en année, faute de pouvoir concourir avec le froment de l'Inde. »

L'épreuve et la contre-épreuve ont été également, dans cet ordre d'idées, faites en Suède. L'industrie du coton y existait à l'état embryonnaire. Pour la développer, on avait mis, suivant les catégories, des droits prohibitifs et des droits protecteurs. La production, encore trop débile, ne put résister à ce régime, et on dut lever la prohibition. Plus tard encore on réduisit les droits; en 1865, ils n'étaient plus que de 30 francs par 100 kilogrammes (chez nous ils varient de 15 à 385 fr.); la production, de 272,000 francs, en 1830, au temps de la prohibition, s'élevait à 22 millions de francs, après avoir passé par les étapes de 1,921,000 en 1837, et de 17,000,000 en 1858. En dépit des pronostics fâcheux des protectionnistes, la liberté avait permis à la production de passer de 1 à 82.

Et ce sont bien là en effet les conséquences naturelles du libre-échange. La concurrence toujours menaçante développe forcément l'ingéniosité et l'esprit d'entreprise. Ce n'est pas le libre-échange qui

aurait rejeté la graine de sésame ou traité la betterave de fléau; qui
tâcherait d'étouffer les découvertes de la science ou de la mécanique,
et, comme certains fabricants de gants, se plaindrait de l'invention de
la machine à coudre. Il doit accueillir et expérimenter tout ce qui est
neuf et semble pratique. Il redoute constamment qu'au delà des fron-
tières quelque concurrent plus actif ne le prévienne. C'est sa vie
commerciale qui est en jeu.

Le protectionniste, lui, dort en paix, derrière son rempart de douanes.
Ne lui demandez pas de vigilance. Dans quel but? Son bénéfice est
certain. S'il réalisait quelque progrès ou quelque économie, ne pour_
rait-il pas se trouver un consommateur fâcheux pour vouloir diminuer
d'autant les tarifs ? Et pour lui, la protection est un état normal qu'on
ne doit pas changer.

Cependant, grâce à la protection les produits sont devenus très cher,
et impropres à l'exportation; le commerçant étranger n'est plus sol
licité de nous offrir les siens en échange, son commerce diminue, et s'il
a, comme nous, la maladie du protectionnisme, il procéde immédiatement par voie de représailles contre celles de nos industries qui peuvent lutter dé bon marché à l'extérieur. Et voici qu'en effet, à la seule
annonce de droits votés sur les blés, la Hongrie, la Belgique, la Russie
nous menacent de semblables mesures.

On a nié que le prix de ces produits naturels ou industriels sur
lesquels on a mis un droit protecteur s'élève en proportion de ce droit
et depuis quelques mois nous entendons soutenir que le blé et le bétail
sur pied hausseront de valeur sans que la viande et le pain augmen-
tent. Voilà résolu le problème de M. Rouher : le blé cher et le pain à bon
marché. N'ayons à cet égard aucun doute : les prix hausseront; ils ont
déjà haussé dans quelques grandes villes. C'est en vain qu'on a invoqué
l'expérience de communes voisines de la Lorraine allemande et française. On n'avait pas tenu compte de l'infériorité des produits allemands. M. Raoul Duval, après d'autres, a rectifié la démonstration.
En 1879, en Allemagne, alors qu'il n'y avait aucune surtaxe, le seigle ,
coûtait le même prix, 166 francs, à Berlin et à Brême, ville en dehors
du Zollverein. En 1883, on vote une surtaxe de 12 fr. 50 par tonne; et
le seigle vaut 169,10 à Brême et 180,80 à Berlin. Voilà l'effet de la surtaxe. Et quand le blé est cher, le pain est cher. En 1884, à Paris, le
blé vaut 15 à 16 francs l'hectolitre, et le pain de 30 à 35 centimes le
kilogramme; de 1874 à 1880, le blé était à 23 francs l'hectolitre, et le
pain à 0 fr. 40 et 42 1/2 le kilogramme.

On a cité des exemples de résultats contraires. Des surtaxes ont été
votées, des prohibitions ont été élevées, et le prix des denrées indigènes
similaires a baissé. Exemples : le sucre et la viande de porc. Ce sont là

de pures niaiseries, Il n'est pas un économiste qui ne puisse expliquer cet abaissement de prix autrement que par l'effet de la protection.

Mais sauf ces cas exceptionnels et tout à fait étrangers à la question, la protection doit faire monter les prix. Et ces prix croîtront ainsi jusqu'à une limite telle que le consommateur se révolte. De l'excés du mal sort alors un bien immense. Les yeux du public sont dessillés. Et le protectionnisme, réduit à se recruter parmi ceux à qui il profite, n'a plus qu'à abandonner ses positions. Mais ces résultats souhaitables ne viennent qu'avec le temps, et il serait sage d'y contribuer, chacun dans la mesure de ses moyens. Blanqui, le grand économiste, demandait vers 1840 à des ministres ce qu'ils pensaient de ses idées, j'entends du libre-échange. « J'ai recueilli, dit-il, d'une bouche officielle, cette réponse : « Ce n'est pas mauvais ; soyez forts, et nous vous soutiendrons. » Que les libre-échangistes s'en fassent une devise.

— J'ai ainsi décrit, et je l'espère avec exactitude, les conséquences prochaines et lointaines du protectionnisme. Il faut être aveugle pour ne pas les voir et les redouter. Cependant les Chambres sont protectionnistes, et le pays, composé pourtant en immense majorité de consommateurs, l'est aussi. Cet aveuglement est le fruit de l'ignorance générale que j'ai précédemment signalée, et disparaîtra avec elle. Nous devons donc, nous qui nous croyons en possession de la vérité, ne cesser de combattre pour elle. De prétendre la faire immédiatement triompher, c'est une pure chimère. Le libre échange absolu est loin de nous. Mais nous avons le droit de lutter sans cesse, et, à défaut de celui-là, de préconiser les remèdes qui nous semblent le plus sûrs.

Donc que faire?

Les livres de médecine m'ont toujours paru décevants. Tant qu'il s'agissait d'étudier la maladie et d'en décrire les phases, l'auteur était intarissable. Arrive-t-il à la thérapeutique : deux ou trois pages lui suffisent; de vagues observations sans résultats et des conseils sans autorité.

L'économie politique présente parfois le même phénomène. Et de l'économiste comme du médecin, le malade dit : sauve-moi d'abord, pédant, tu feras après ta harangue. Et la foule l'approuve. Elle oublie que le pédant, il y a vingt et quarante ans, signalait les mêmes dangers et préconisait le même traitement préventif. Comme le médecin, il recommandait l'hygiène. On le traitait alors d'utopiste, on le traite aujourd'hui de rabâcheur. Cela n'est pas pour me décourager.

De remèdes à la situation présente, il n'y en a pas. J'entends que si les intéressés attendent du gouvernement une mesure qui les tire instantanément des embarras où ils sont, c'est une folie à eux de l'espérer et au gouvernement de la promettre. Aucun moyen n'aura cette énergique efficacité. Mais il est un certain nombre de sages dispositions qui, prises soit par les intéressés eux-mêmes, soit par l'Etat, et appliquées avec promptitude et vigueur, nous ramèneront dans un avenir prochain notre ancienne prospérité. C'est l'étude de ces dispositions qu'il me reste à faire. Je ne la ferai d'ailleurs que pour la seule agriculture, qui en ce moment est plus spécialement en cause.

Il ne faut pas d'abord se méprendre sur ce qu'il convient d'essayer. Pendant ces dernières années, on a peut-être trop défriché. A certains égards, c'est une preuve de progrès, et assurément le défrichement nous a conquis bien des milliers d'hectares d'excellentes terres. Mais les efforts de l'agriculteur ont sur un certain nombre de points été mal appliqués. On a tâché de mettre en valeur un sol ingrat, qu'il serait sage aujourd'hui de rendre à la friche, ou mieux de reboiser.

Parfois aussi on a demandé au sol des produits qu'il ne pouvait donner. Choisissant les cultures les plus rémunératrices, on a voulu les implanter dans des régions qui y étaient impropres. Dans certains endroits, l'expérience a démontré qu'un produit comme le blé n'était pas toujours le plus avantageux malgré son prix relativement élevé. On cite, dans notre pays même, et sur des points nombreux, des trans" formations radicales de culture menées à bien soit par le propriétaire, soit même par le fermier. Des herbages ont été faits récemment avec un succès tout à fait encourageant dans des pays nouveaux. De même la culture maraîchère a pris dans ces derniers temps et peut encore prendre de grands développements. Dans le département de Seine-et-Oise, le conseil général a constaté combien était prospère toute la portion adonnée à cette culture, tandis que l'autre portion, où on pratique la grande culture, ressentait plus vivement les effets de la crise.

J'ai signalé aussi la faveur de l'arboriculture à l'étranger. Il nous faut y reprendre notre ancienne supériorité. Qu'on ne craigne pas de voir une trop grande production avilir les prix. Dans cet ordre de produits, la consommation peut croître presque indéfiniment. Il ne faut pas non plus objecter, pour l'arboriculture comme pour la culture maraîchère, l'éloignement des grands centres de consommation. La rapidité des communications nouvelles le compense et au delà. Le comte de Flandre disait récemment aux Belges qu'ils devraient être les jardiniers de toute l'Angleterre. Et l'expérience fournit chaque jour à l'appui d'un pareil projet des preuves décisives de succès. La maison Vilmorin a près d'Antibes une grande exploitation maraîchère dont les produits se vendent à Paris. Sur le même marché de Paris, les fraises du pays messin, les primeurs de Pesth, viennent, grâce aux tarifs de pénétration, faire concurrence aux nôtres, et nous voyons chaque semaine passer chez nous en transit des fruits et légumes de Naples à destination des marchés espagnols que nous n'avons pas su nous réserver.

Néanmoins toutes ces améliorations ne peuvent s'appliquer que dans des conditions particulièrement favorables et sur des espaces restreints.

J'arrive à des réformes plus générales, et à la portée d'une population agricole plus considérable.

J'ai parlé de ce qu'on appelle les bas produits de la ferme : les œufs, le beurre, le fromage, les lapins, etc. Un certain nombre de propriétaires et fermiers y donnent des soins si intelligents qu'ils en payent le loyer de la ferme. La majorité semble au contraire les dédaigner. C'est dédaigner de gros bénéfices. La consommation qu'en fait l'étranger va en croissant de jour en jour ; notre exportation qui était, en 1860, de 550 millions, y compris les produits de la culture maraîchère, s'est élevée à 1,200 millions en 1868 et à 1,700 en 1877, et il dépend de nous de l'accroître encore.

Enfin j'arrive à la grande amélioration désirable, à celle de qui dépend l'avenir même de notre agriculture, l'adoption presque générale de la culture intensive. La culture intensive est celle qui prétend tirer d'un même espace de terrain le rendement maximum. Elle concentre ses efforts sur un moindre champ, mais elle appelle à elle toutes les ressources de la science et de l'industrie. Elle substitue à l'ensemencement à la volée l'ensemencement au semoir, et réalise une économie de 70 à 125 litres à l'hectare. Elle emploie des engrais appropriés aux terrains, soit fumier de ferme, soit, puisqu'on en manque presque partout, engrais minéraux. Enfin elle choisit convenablement la semence propre à chaque terrain. C'est une culture devenue aujourd'hui nécessaire. Le bas prix du blé exige qu'on en diminue le prix de revient. Or des expériences décisives ont établi que le prix de revient pouvait varier par quintal de 5.36 à 10.05, suivant qu'on adoptait ou non cette culture scientifique.

Et ce n'est pas seulement dans quelques fermes privilégiées que ces résultats ont été constatés. M. de Kerckow disait, à la Société belge d'Économie politique, que dans la majorité du Mecklembourg on avait fait, par d'habiles fumures, passer le rendement par hectare de 22 à 40 hectolitres, tout en préparant pour les années suivantes des récoltes de betteraves d'une richesse saccharine de 14 à 15 0/0. L'Angleterre nous a depuis longtemps devancés, et son rendement moyen est de 32 hectolitres.

On objecte que notre agriculture se fait sur un sol très morcelé et par un personnel de richesse médiocre. Le morcellement du sol peut être restreint par l'échange des parcelles voisines, et le recours aux abornements généraux. J'ai eu ailleurs (1) l'occasion d'indiquer sommairement la procédure et de donner la bibliographie très complète de ces opérations. Je n'y reviens pas.

Quant à la modicité des fortunes des cultivateurs, elle n'est pas un obstacle à l'achat d'engrais ou de blés appropriés. Restent les machines. Il est assez simple de former, dans le but de les procurer, des syndicats et des associations. Cela s'est déjà fait en plusieurs communes de France. Le *Globe* des 23 et 30 janvier 1885 annonce la fondation de deux syndicats professionnels, l'un, dans l'arrondissement de Brives, entre cultivateurs ; l'autre, dans l'arrondissement de Sancerre, entre vignerons. Je renvoie, pour les détails, aux articles cités. Je mentionne seulement, dans les statuts du syndicat des vignerons, les articles suit vants : 1° faire l'ouvrage des sociétaires dans l'impossibilité moment tanée de faire leurs vignes soit par accident ou maladie, soit par suite des 28 jours ou des 13 jours ; 2° acheter les matières premières et les outils relatifs à la profession, afin que les sociétaires les payent moins cher ; 3° organiser, dès que faire se pourra, une petite banque de prêt mutuel ; et, dans celui des cultivateurs, ceux qui ont trait à l'achat de semences de choix, d'outils et machines perfectionnés, à des réunions en plein champ pour faire des expériences publiques d'instruments ou de procédés de culture nouveaux, etc.

C'est là qu'est l'avenir. Mais pour se résoudre à reboiser ce qu'on a défriché, pour changer de culture et de méthode, pour consentir à échanger son champ avec le voisin et faire taire les rivalités et les jalousies, pour tout cela, il faut un enseignement élevé, donnant une bonne instruction générale et technique, de telle façon que le cultivateur touche du doigt son intérêt. C'est seulement quand on aura développé l'enseignement agricole, fait passer dans la pratique de la moyenne agriculture ce qui est aujourd'hui dans la théorie et dans la pratique seulement d'un très petit nombre ; c'est quand on aura fait des comices une institution sérieuse, à portée pratique et non pas un prétexte à exhibitions et à banquets, c'est alors seulement qu'on pourra espérer de voir la grande population agricole comprendre à son tour toute l'efficacité de ces méthodes et donner à notre agriculture l'énergie et la puissance à laquelle elle peut prétendre.

Je sais qu'il est de mode de se montrer incrédule à l'endroit des résultats probables de cet enseignement. Mais les preuves sont faites. Partout où il a pénétré en France et à l'étranger, il a relevé le niveau et la richesse du pays, et on a dit avec justesse qu'on pouvait juger de la science des populations agricoles par la beauté de leurs moissons.

Nous avons, à cet égard, en France une preuve tout à fait décisive

(1) *L'Impôt sur le revenu*, p. 609 et note. Guillaumin, 1885.

dans l'exemple de la petite commune de Vic-de-Chassenay. On a récemment attiré l'attention sur elle à raison de la persistance de ses progrès de tous genres et de la cause qu'il convient de leur attribuer.

C'est tout un roman, et je n'ai qu'un regret, c'est de ne pouvoir le conter avec quelques détails (1).

La population y est de 498 personnes. En 42 ans, de 1840 à 1883, le nombre des propriétaires rentiers a passé de 2 à 15, et celui des propriétaires exploitants de 87 à 101. Par contre, le nombre des fermiers est descendu de 45 à 33; celui des ouvriers agricoles, de 75 à 30; le nombre des ouvriers de métier est resté stationnaire. — Le gros bétail donne beaucoup de profits : de 1850 à 1884, plus de 100 hectares ont été transformés par la petite culture. — Le nombre des chevaux de labour y a passé, depuis 1840, de 230 à 248, 1 cheval par homme; celui des bêtes à cornes, de 440 à 692; celui des batteuses, de 2 à 56; des voitures attelées, de 95 à 140. — L'outillage agricole vaut 600,000 francs ; les bâtiments, 400,000 ; le sol, 2,000,000. La dette hypothécaire ne dépasse pas 100,000; elle est couverte et au delà par l'épargne qu'ont réalisée 98 capitalistes sur 107 chefs de famille savoir : 20 rentiers sur l'Etat, 8 porteurs de valeurs industrielles, 70 déposants à la Caisse d'épargne.

Veut-on maintenant savoir la cause de ces progrès? Voici qui la révèle immédiatement. Parmi les personnes dont la présence est constatée aux actes de l'état civil, en 1820, sur 247, 120 seulement ont signé, dont 2 femmes; en 1870, sur 124, 121, dont toutes les femmes. Tout le monde sait lire et écrire. Depuis trente ans, pas un des jeunes soldats de la commune n'a figuré comme illettré.

Ces résultats hors ligne sont dus à d'excellents instituteurs, aux deux derniers surtout, l'un qui est resté en fonctions de 1806 à 1861, l'autre qui y est encore. « C'est à ce maître modeste et zélé qu'on doit l'organisation actuelle de l'école et la réforme des procédés et des méthodes agricoles qui font la fortune des habitants. Dès 1807, dans un mémoire inséré au *Manuel général de l'instruction primaire*, M. Bribant développait ces principes qui ont passé de la théorie dans la pratique : 1° retenir le plus longtemps possible les enfants à l'école, et dans ce but créer des pacages clos, supprimer la garde des bestiaux, l'été, dans des champs ouverts, etc. (le résultat a été de garder les enfants à l'école 240 jours en 1883, au lieu de 100 jours en 1830 et 180 en 1800); 2° autoriser l'instituteur à guider les jeunes gens dans le choix d'un état, à les retenir au village, à les dissuader d'aller à la ville se faire commis parce qu'ils savent écrire ; 3° diriger *l'enseignement dans le sens exclusivement agricole et ramener toutes les leçons à la pratique des choses rurales.* » Je

(1) Voyez le *Journal de la Société de Statistique* de juillet 1884.

ne sais rien de plus probant que l'exemple de cette petite commune ou l'on voit chaque année le développement de la richesse coïncider avec le développement de l'instruction.

D'autres remèdes encore sont à la portée des agriculteurs. Pour les grands propriétaires, imiter les Anglais et, par l'achat de terres en Amérique ou plutôt au Canada, tâcher de se faire une moyenne moins élevée de la valeur des terres. Mais ce moyen, comme tant d'autres, exige de la part des propriétaires un degré d'énergie et d'attention que les nôtres ne possèdent guère en général. Ce n'est pas chez nous, comme en Angleterre, la mode de résider chez soi et de cultiver ses biens. Notre ancienne noblesse était toute à Versailles; la ploutocratie moderne est toute dans les grandes villes, et donne ses terres à bail, jusqu'à ce que son inaction l'en dépouille et les fasse passer aux mains qui la cultivent.

Si encore dans les baux elle apportait cet esprit de modération et de prévoyance qu'on voit aux landlords anglais. Mais non. La terre est un capital dont on exagère les revenus. Comment alors espérer de bons fermiers? On réclame aujourd'hui de l'Etat une loi autorisant les administrateurs de la fortune d'autrui à consentir des baux plus longs que neuf ans. J'en suis grand partisan, si la loi n'établit qu'une faculté et non une obligation. Mais la loi changera-t-elle les mœurs? Et pourtant l'intérêt des propriétaires serait de rendre tolérable la condition du fermier et de l'intéresser à la ferme. La rente de la terre tend à diminuer. Cet élément de la valeur qui tient à la fertilité naturelle du sol, à la proximité d'un grand centre de consommation, cet .élément perd de son importance. Cela est indéniable. Nous voyons de même diminuer le taux de l'argent et le revenu des valeurs industrielles. Il faut en prendre son parti et consentir au fermier des réductions. Ce n'est pas tout. A l'imitation de différentes lois étrangères (1) tenons-lui compte des améliorations et des plus-values qui résultent de travaux par lui faits sur la propriété d'autrui. Enfin là où les terres sont moins rémunératrices, recourons à la méthode du métayage, ou, ce qui vaut mieux. de la participation et de la coopération. M. Pawcett, M. Leroy-Beaulieu ont donné des exemples d'essais très satisfaisants de coopération appliquée à l'agriculture. Sans doute on ne peut pas attendre qu'elle puisse beaucoup se développer. Toutefois, l'expérience a été faite, et il faut espérer qu'elle trouvera des imitateurs.

Enfin, il faut que la classe agricole reprenne l'ancienne agitation par les voies légales, pour obtenir des dégrèvements. Non pas sur l'impôt

---

(1) J'en ai donné l'esprit et la bibliographie dans mon ouvrage déjà cité, p. 126, note 1.

foncier, dont il a été question récemment, mais sur les matières premières qu'elle emploie, sur le fer, la houille, les engrais chimiques, dont
la qualité devrait aussi être surveillée. Mais qu'elle n'espère pas un
dégrèvement pur et simple. Le Trésor n'a pas de ressources disponibles.
Ce qu'on peut espérer c'est une répartition meilleure d'un fardeau qui
ne peut être diminué ; c'est la suppression des impôts nuisibles, de
l'impôt sur les transports, de l'impôt sur les mutations entre vifs, de
certains impôts de consommation. Cela ne s'obtiendra que par l'établissement d'un impôt sur le revenu, qui, exemptant les petites fortunes et
frappant tous les revenus, y compris celui des 25 milliards de Rentes
sur l'Etat, donnerait des ressources permettant les diverses modifica-
tions que j'indique.

Tout cela se fera lentement. Les impatients et les irrités diront :
jamais. On aurait un joli succès à dresser la liste des choses prétendues
impossibles. Toujours est-il que les agriculteurs ne retireront aucune
satisfaction immédiate de tous les palliatifs que je viens de passer en
revue. Mais ce que ni l'énergie ni la prudence des hommes ne peut
faire, la nature le fera.

La concurrence américaine ne pourra pas longtemps maintenir les
cours aussi bas qu'elle l'a fait jusqu'ici. Et cela pour plusieurs raisons.
On sait maintenant que ces prix ont été ruineux pour le cultivateur
américain comme pour le nôtre, et seules l'abondance extraordinaire
de 1884 et la nécessité de vendre un produit qui ne saurait, surtout
dans ces pays, se conserver longtemps, ont été cause de l'avilissement
des prix. D'articles parus dans le *Chicago-Times*, le *New-York Tri-
bune*, etc., il résulte que les prix de cette année ont laissé le fermier en
perte de 3 dollars 20 cents, soit plus de 16 francs par hectare. Et cela
n'est pas tout à fait récent. Le cultivateur s'en dégoûte, et les statistiques montrent que l'exportation décroît : de 153 millions de boisseaux
en 1879-1880, elle est tombée à 119 millions en 1882-1883. Enfin on prévoit
que la récolte prochaine sera de beaucoup moins abondante que les
précédentes, les emblavures ayant notablement diminué, et une excessive sécheresse ayant nui à son développement (1).

(1) *Dépêche* ~~du duché~~ *datée* *de Washington* du 10 avril 1885.
« Le rapport publié par le département de l'agriculture indique une diminution de trois millions d'acres dans l'étendue de terrain ensemencé en froment d'hiver. La condition actuelle du froment est de 77 contre 90 en 1884
mais l'état véritable de la récolte ne pourra être bien constaté que le mois
prochain.

D'après les données actuelles, la diminution de production serait d'environ
cent millions de boisseaux.

L'étendue du terrain ensemencé en seigle a diminué dans la même pro-

La concurrence américaine écartée, en reste une autre, celle de l'Inde,
qui, M. Pouyer-Quertier nous en menace, sera plus terrible encore.
Le transport de Calcutta au Havre coûte d'après lui moins cher que le
transport d'un point à un autre du territoire français. Et il l'a prouvé par
des chiffres. Mais les chiffres de M. Pouyer-Quertier sont suspects. Il
avait, en 1872, découvert aux États-Unis un dégrèvement de 800 millions
sur l'*Income-tax* qui n'y avait jamais produit annuellement plus de
288 millions de francs. Aujourd'hui, il a omis sur le prix du transport
d'un quintal métrique la somme modeste de 7.94. La région du blé dans
l'Inde est non pas Calcutta, mais Delhi, situé à 1,585 kilomètres de Calcutta, port d'embarquement. On trouvera dans le *Bulletin consulaire
belge* le rapport de M. Morel, consul belge à Rouen, qui établit les divers
facteurs de ce prix de 7.94, et aussi le prix du transport du lieu de
production même à Delhi, centre de la province agricole.

Voilà comment la crise prendra fin. Et cette fin, on le voit, peut être
fixée à brève échéance.

Presque tout ce que j'ai dit de la crise agricole peut s'appliquer à
la crise commerciale et industrielle. Sans doute, les moyens d'y remédier dans l'avenir sont autrement difficiles à trouver que pour la crise
agricole : car elle provient d'une surproduction *permanente*, qui n'est
pas de longtemps à redouter pour l'agriculture. Mais enfin, dans cette
lutte entre peuples qui ne *veulent* pas arrêter leur production, l'avantage restera à ceux qui sauront le mieux s'assurer l'écoulement de
leurs produits. C'est là le terrain où il faut vaincre (1).

Aussi faut-il applaudir à des tentatives comme celle de la *Société
d'encouragement pour le commerce* français, qui se propose de former
à l'étranger et dans nos colonies des établissements commerciaux et des
hommes pour les diriger. Comme toujours, les esprits chagrins déclarent
ces entreprises chimériques. Mais ceux qui connaissent notre race et
son histoire savent qu'elle a été et serait encore, si le courant était une
fois déterminé, éminemment colonisatrice. C'est ce qu'on a pu voir au
Canada, en Algérie, à l'Ile Maurice, dans l'Illyrie, etc.. et ce que tous
les étrangers se plaisent à reconnaître par des compa raisons, flatteuses pour nous, avec ce qu'ont fait les Anglais. Or ce courant, on peut
croire qu'il est à la veille de se produire : les nombre uses publications
qui y ont rapport, les tentatives toutes récentes de l'initiative privée,
enfin la fondation de nombreuses chambres de commerce françaises à

portion que celle du froment, mais la récolte du seigle se présente sous un
meilleur aspect.

(1) Si l'on accepte mes conclusions, on pensera, comme moi, que l'organisation de l'enseignement technique est d'une très grande importance. Je me
éserve d'aborder prochainement cette question.

l'étranger en sont un présage. Que nos négociants redoublent d'efforts, qu'ils lisent ce *Bulletin consulaire* où tant de renseignements précieux leur sont fournis; qu'ils voyagent, qu'ils forcent la froideur des uns et l'indifférence des autres; que notre gouvernement de son côté les seconde dans la mesure de ce qu'il doit et peut; qu'il ait une politique économique fixe, qu'il ne dédaigne aucun des avantages qu'on lui offre, et la crise prochaine une fois terminée, à une époque que les belles études de M. Juglar permettraient presque de fixer, nous reviendrons de nous-mêmes à la politique du libre-échange et nous reprendrons dans le monde commercial et industriel la place qui nous appartient. Mais surtout qu'on ne recoure jamais plus aux remèdes empiriques. Les causes du mal sont lointaines, je l'ai montré, et profondes. Une aggravation des charges de l'État ou une nouvelle extension de ses pouvoirs serait inefficace; ce n'est pas seulement un remaniement dans nos lois qu'il nous faut, c'est une révolution énergique dans nos mœur

Joseph CHAILLEY.